Weisheit im Märchen

Weisheit im Märchen
Herausgegeben von Theodor Seifert

Rudolf Müller

Jorinde und Joringel

Wenn durch Trennung die Liebe erwacht

Kreuz Verlag

Ich danke vor allem meiner Frau und meinen beiden Töchtern. Dieses Buch wäre ohne deren Anstöße in Richtung Partnerschaft nie geschrieben worden. Mein Dank gilt auch Frau Ilse Probst für die Unterstützung bei der Formulierung sowie all denen, die mir ihre Träume oder Erfahrungen überließen.

CIP-Kurztitelaufnahme der Deutschen Bibliothek

Müller, Rudolf:
Jorinde und Joringel: wenn durch Trennung d. Liebe erwacht /
Rudolf Müller. – 1. Aufl. – Zürich:
Kreuz-Verlag, 1987.
(Weisheit im Märchen)
ISBN 3-268-00044-4

1. Auflage

Gestaltung: Hans Hug
Umschlagfoto: Werner H. Müller
ISBN 3-268-00044-4

Inhalt

Vorwort

Ein modernes Märchen nennt der Verfasser »Jorinde und Joringel«, denn es stellt eine Verbindung zwischen uraltem Menschheitswissen und heute gelebtem Leben her, bezogen auf das Leben zu zweit als Paar. Allein die hohe Scheidungsrate würde als Begründung ausreichen, jede nur mögliche Chance zu nutzen, um mehr über Paarbeziehungen und ihre innere Dynamik zu erfahren. Das ist ja die Tragik, die jeder erlebt: auf der einen Seite die Sehnsucht nach einem Leben zu zweit in Innigkeit und Nähe, und auf der anderen die mangelnden oder gänzlich falschen Voraussetzungen dafür bei Mann und Frau. Dieser krasse Widerspruch ist die Quelle quälender schmerzlicher Konflikte, aus denen es oft keinen Ausweg, manchmal nur den »letzten Ausweg« der Selbsttötung oder des Mordes zu geben scheint.

Eigenes Erleben und die Beobachtung von Ehen und familiären Beziehungen in unserer Umgebung bieten in all ihrer Vielfalt ein Bild menschlicher Grundkonflikte, auf die bei der hier vorgelegten Bearbeitung des Märchens eingegangen wird. Lösungen werden deutlich, die dem Märchen selbst oder beispielhaft angeführten Lebenssituationen und Träumen entnommen werden. Diese Ansätze sind deshalb verläßlich und glaubwürdig, weil sie einer Verbindung der Weisheit des Märchens mit modernen Erkenntnissen entspringen, wobei letztere eben doch im Rahmen der alten Überlieferungen bleiben, sie aber in mancher Hinsicht differenzieren und unserem heutigen Verständnis zugänglich machen.

Nachdenklich, aber ermutigt und hoffnungsvoll wird man das Büchlein aus der Hand legen, um Hinweise und Gesichtspunkte reicher, an die der Verfasser wieder erinnert oder die er neu vermittelt. Ihnen im persönlichen Erleben nachzugehen wird weiterhelfen, das Leben zu zweit nicht nur zu bestehen, sondern in seinen vielfältigen und auch so bereichernden und beglückenden Möglichkeiten voller zu erleben, aktiver zu gestalten.

Lassen Sie das Märchen nun zunächst in Ruhe auf sich wirken. Spüren Sie dem nach, was es in Ihnen anregt, lassen Sie sich verzaubern von der ihm eigenen Kraft und Vision, lassen Sie sich von Ihren eigenen Reaktionen überraschen.

Ein Hinweis: Die Autoren dieser Reihe haben sich bei den Texten der Märchen an folgende Ausgabe gehalten: *Kinder- und Hausmärchen. Gesammelt durch die Brüder Grimm, 2 Bände, Manesse Verlag.*

Theodor Seifert

Jorinde und Joringel

Es war einmal ein altes Schloß mitten in einem großen dicken Wald, darinnen wohnte eine alte Frau ganz allein, das war eine Erzzauberin. Am Tage machte sie sich zur Katze oder zur Nachteule, des Abends aber wurde sie wieder ordentlich wie ein Mensch gestaltet. Sie konnte das Wild und die Vögel herbeilocken, und dann schlachtete sie, kochte und briet es. Wenn jemand auf hundert Schritte dem Schloß nahekam, so mußte er stillestehen und konnte sich nicht von der Stelle bewegen, bis sie ihn lossprach: wenn aber eine keusche Jungfrau in diesen Kreis kam, so verwandelte sie dieselbe in einen Vogel und sperrte sie dann in einen Korb ein und trug den Korb in eine Kammer des Schlosses. Sie hatte wohl siebentausend solcher Körbe mit so raren Vögeln im Schlosse.

Nun war einmal eine Jungfrau, die hieß Jorinde: sie war schöner als alle andern Mädchen. Die und dann ein gar schöner Jüngling, namens Joringel, hatten sich zusammen versprochen. Sie waren in den Brauttagen, und sie hatten ihr größtes Vergnügen eins am andern. Damit sie nun einsmalen vertraut zusammen reden könnten, gingen sie in den Wald spazieren. »Hüte dich«, sagte Joringel, »daß du nicht so nahe ans Schloß kommst.« Es war ein schöner Abend, die Sonne schien zwischen den Stämmen der Bäume hell ins dunkle Grün des Waldes, und die Turteltaube sang kläglich auf den alten Maibuchen.

Jorinde weinte zuweilen, setzte sich hin im Sonnenschein und klagte; Joringel klagte auch. Sie waren so bestürzt, als wenn sie hätten sterben sollen: sie sahen sich um, waren irre und wußten nicht, wohin sie nach Hause gehen sollten. Noch halb stand die Sonne über dem Berg, und halb war sie unter. Joringel sah durchs Gebüsch und sah die alte Mauer des Schlosses nah bei sich; er erschrak und wurde todbang. Jorinde sang:

»Mein Vöglein mit dem Ringlein rot
Singt Leide, Leide, Leide:
Es singt dem Täubelein seinen Tod,
Singt Leide, Lei – zucküht, zicküth, zicküth.«

Joringel sah nach Jorinde. Jorinde war in eine Nachtigall verwandelt, sie sang: »Zicküth, zicküth.« Eine Nachteule mit glühenden Augen flog dreimal um sie herum und schrie dreimal: »Schu, hu, hu, hu.« Joringel konnte sich nicht regen: er stand da wie ein Stein, konnte nicht weinen, nicht reden, nicht Hand noch Fuß regen. Nun war die Sonne unter: die Eule flog in einen Strauch, und gleich darauf kam eine alte krumme Frau aus diesem hervor, gelb und mager: große rote Augen, krumme Nase, die mit der Spitze ans Kinn reichte. Sie murmelte, fing die Nachtigall und trug sie in der Hand fort. Joringel konnte nichts sagen, nicht von der Stelle kommen; die Nachtigall war fort. Endlich kam das Weib wieder und sagte mit dumpfer Stimme: »Grüß dich, Zachiel, wenns Möndel ins Körbel scheint, bind los, Zachiel, zu guter Stund.« Da wurde Joringel los. Er fiel vor dem Weib auf die Knie und bat, sie möchte ihm seine Jorinde wieder geben; aber sie sagte, er sollte sie nie wieder haben, und ging fort. Er rief, er weinte, er jammerte, aber alles umsonst. »Uu, was soll mir geschehen?« Joringel ging fort und kam endlich in ein fremdes Dorf: da hütete er die Schafe lange Zeit. Oft ging er rund ums Schloß herum, aber nicht zu nahe dabei. Endlich träumte er einmal des Nachts, er fände eine blutrote Blume, in deren Mitte eine schöne große Perle war. Die Blume brach er ab, ging damit zum Schlosse: alles, was er mit der Blume berührte, ward von der Zauberei frei; auch träumte er, er hätte seine Jorinde dadurch wieder bekommen. Des Morgens, als er erwachte, fing er an, durch Berg und Tal zu suchen, ob er eine solche Blume fände: er suchte bis an den neunten Tag, da fand er die blutrote Blume am Morgen früh. In der Mitte war ein großer Tautropfen, so groß wie die schönste Perle. Diese Blume trug er Tag und Nacht bis zum Schloß. Wie er auf hundert Schritt nahe bis zum Schloß kam, da ward er nicht fest, sondern ging fort bis ans Tor. Joringel freute sich hoch, berührte die Pforte mit der Blume, und sie sprang auf. Er ging hinein, durch den Hof, horchte, wo er die vielen Vögel vernähme: endlich hörte er's. Er ging und fand den Saal, darauf war die Zauberin und fütterte die Vögel in den siebentausend Körben. Wie sie den Joringel sah, ward sie bös, sehr bös, schalt, spie Gift und Galle gegen ihn aus, aber sie konnte auf zwei Schritte nicht an ihn kommen. Er kehrte sich nicht an sie und ging, besah die Körbe mit den Vögeln; da waren aber viele hundert Nachtigallen, wie sollte er nun seine Jorinde wieder finden? Indem er so zusah, merkte er, daß die Alte heimlich ein Körbchen mit einem Vogel wegnahm und damit nach der Türe ging. Flugs sprang er hinzu, berührte das Körbchen mit der Blume und auch das alte Weib: nun konnte sie nichts mehr zaubern, und Jorinde stand da, hatte ihn um den Hals gefaßt, so schön, wie sie ehemals war. Da machte er auch alle die andern Vögel wieder zu Jungfrauen, und da ging er mit seiner Jorinde nach Hause, und sie lebten lange vergnügt zusammen.

Jorinde und Joringel heute

Mit den beiden ist es ja gerade noch einmal gutgegangen; sie finden wieder zueinander. Ein Stein fällt uns vom Herzen, wir atmen auf. In diesem Märchen spüren wir ganz besonders die Tragik einer Paartrennung. All unser Wünschen konzentriert sich während des Lesens auf die baldige (Er-)Lösung. Kaum wahrnehmbar schwinden dabei die Widersprüche zwischen Zauber und Wirklichkeit. Märchenhaft schön, sagen wir, wenn's nur im Leben auch so zuginge. Für Augenblicke möchte man für wahr halten, daß eine einfache Blume etwas bewegen könne in dieser Welt. Und wenn es tatsächlich so wäre, worin läge dann das Geheimnis?

Sicher haben Sie schon oft gesehen, wie sich ein Kind nach einem Gänseblümchen bückt, um es seiner Mutter zum Geschenk zu machen. In solchen Augenblicken spüren wir tief in unserem Inneren, was diese kleine Geste in einem Menschen bewirken kann. Wie oft verlassen sich auch Erwachsene bei schwierigen Anlässen auf die Sprache der Blumen. Blumen können mehr als tausend Worte sagen. Also eine Blume als Problemlöser? So einfach soll das sein? Nein, denn kein noch so kostbarer Blumenstrauß kann einen ernsthaften Konflikt lösen, denn zum Schenken gehört auch die innere Einstellung, wenn es etwas bewirken soll. Das heißt bildlich gesprochen, der Weg zum Blumenladen muß gepflastert sein mit Stolpersteinen der Rückbesinnung und der Korrektur.

In »Jorinde und Joringel« werden die Schwierigkeiten und Entwicklungen auf dem Weg zu einer reifen Partnerschaft treffend widergespiegelt. Im Laufe meiner Tätigkeit als Psychotherapeut wurde ich auf dieses vielsagende und schöne Märchen aufmerksam, und es ist mir in den vergangenen Jahren sehr ans Herz gewachsen. Nicht nur Paare, sondern auch einzelne können sich mit Jorinde und Joringel, den beiden Hauptakteuren, identifizieren, in ihnen ihre eigene Situation bildhaft erkennen. Ich denke speziell an ein junges Paar aus unseren Tagen. Ich möchte die beiden kurzerhand »Jorinde und Joringel heute« nennen, denn ihre Geschichte hat etwas Märchenhaftes an sich. Im Verlaufe dieses Buches werde ich verschiedentlich auf dieses Paar zurückkommen. Hier nun zunächst der Beginn dieses modernen Märchens aus unseren Tagen:

Da war einmal ein junges Paar. Das lebte in einem kleinen Haus am Rande eines verträumten Städtchens. So wohnten sie schon drei Jahre zusammen und kannten sich die doppelte Zeit. Sie liebten sich, dennoch blieben sie unentschlossen, einander zu heiraten. Beide waren gefesselt und verstrickt im Bannkreis unerkannter Konflikte, was sie hinderte, sich frei füreinander und für eine gemeinsame Zukunft zu entscheiden. Ihre Liebe litt unter dieser Last, es gab häufig Streit, und jeder fühlte sich unverstanden.

Eines Tages träumte sie, »Jorinde«, folgenden Traum: »Ich bin in einer Buchhandlung und will mir ein Buch kaufen. Ich spreche mit der Verkäuferin über meinen Freund. Sie empfiehlt, ich solle ihm Seefahrergeschichten kaufen.«

Zur gleichen Zeit erhielt er, »Joringel«, ein Angebot einer Firma aus Übersee. Es war schon immer sein Traum gewesen, einmal die weite Welt kennenzulernen. Da sich nun die Partnerschaft fortwährend in einer Krise befand, wählte er nach langem Überlegen die Reise in die Ferne. Eigentlich wünschte »Joringel«, daß seine »Jorinde« mit ihm gehe, doch konnte sie sich nicht dazu entscheiden, und schließlich hatte sie geträumt, daß *er* zur See fahren müsse.

Die letzten Tage, die ihnen bis zum Abschied blieben, waren erfüllt von Liebe und Zuneigung. Als der Zeitpunkt der Abreise gekommen war, fuhr »Jorinde« ihren »Joringel« zum Flughafen. Beide weinten, so stark berührte sie die Trennung.

Hier endet vorerst die Geschichte des realen Paares. Muß diese Trennung endgültig sein und die Beziehung so wenig märchenhaft enden?

Unsere Zeit scheint in vielen Bereichen vom Abbruch der Beziehungen und des Dialogs gekennzeichnet zu sein. Insbesondere ist die Partnerschaft zwischen Mann und Frau heute komplizierter und störanfälliger denn je. Statistisch wird gegenwärtig jede vierte Ehe geschieden, und dabei sind keineswegs nur die jungen Beziehungen gefährdet. Vermehrt sind es auch die älteren Paare, die sich nach zwanzig und oft mehr Ehejahren trennen. Wurden früher Ehen oftmals aus ökonomischen Gründen geschlossen und aufrechterhalten – der Kampf um die Existenz ließ häufig keine andere Wahl –, so steht heute das Miteinander-Auskommen im Vordergrund. Unsere veränderte gesellschaftliche wie wirtschaftliche Situation, die Wandlung der Geschlechterrollen, insbesondere die heute für viele Frauen besseren Möglichkeiten, beruflich wie finanziell unabhängig sein zu können, bewirken eine neue Dynamik in der Beziehung und erfordern neue Werte und zeitgemäße Inhalte.

Die sogenannte Liebesheirat mit ihrem Schwerpunkt auf Beziehung und Partnerschaft wurde besonders in der Zeit der Romantik, aus der das Märchen »Jorinde und Joringel« stammt, thematisiert. Die Neuzeit, von der Aufklärung geprägt, setzte weitere neue Schwerpunkte und veränderte die Wertmaßstäbe in der Partnerschaft. Der Wert des einzelnen, seine Sehnsucht und sein Glücken stehen fortan mehr im Mittelpunkt. Die Ehe wird daher mitunter als gesellschaftlich bedingtes Gefängnis gesehen. Verschiedene Alternativformen des Zusammenlebens werden gewagt.

Jeder, der in einer Beziehung steht, weiß, wie schwer und kompliziert heute das Zusammenleben geworden ist. Die Krise beginnt nicht erst im »verflixten siebenten Jahr«, sie macht jedes Jahr zum verflixten. Wir befinden uns in einer schwierigen Umbruchsituation von überlieferten festen Rollen zu einer gleichberechtigten Beziehung zwischen Mann und Frau. Für diesen Prozeß ist die Auseinandersetzung zwischen beiden, der ständige Dialog, eine wichtige Voraussetzung. Partnerschaft und Beziehung sind die uns heute aufgegebenen und zu lösenden individuellen wie kollektiven Probleme. Unser Märchen gibt dazu, wie wir sehen werden, aufschlußreiche Hinweise. Dichtung und Literatur zeigen uns, daß die Beziehung zwischen Mann und Frau schon immer eine glück- und leidvolle Angelegenheit war. Doch mit der Auflösung der festen Rollen von Mann und Frau schwinden auch die Vorbilder dafür, was ein Mann oder eine Frau eigentlich sein soll. Was ist schon typisch männlich oder typisch weiblich? Heute ist jeder genötigt, seine eigene männliche oder weibliche Identität zu finden und zu entwickeln. Daraus ergibt sich auch zwangsläufig die Aufgabe für ein Paar, jeweils seine eigene Partnerschaftsidentität zu suchen.

Das vorliegende Märchen zeigt, wie eine Entwicklung des einzelnen und ebenso des Paares möglich ist, auch wenn am Anfang einer Beziehung häufig noch nicht jeder zu seiner eigenen Persönlichkeit gefunden hat.

Märchen sind immer aktuell und nicht an Zeitepochen gebunden. Sie haben nicht nur bekannte Konflikte überliefert, sondern zeigen auch heute noch gültige Lösungen auf. Beginnen viele Märchen mit den Unbilden und Entbehrungen einer Kindheit und enden mit der glücklichen Erlösung durch einen Prinzen, so beginnt unser Märchen genau da, wo andere enden. Wer kennt nicht das eigentümliche Gefühl, das sich oft nach dem Lesen eines Märchens einstellt, wenn Prinz und Prinzessin sich gefunden haben: Man fragt sich, wie es den beiden wohl weiterhin ergangen sein mag. Das Eigentliche kommt noch auf sie zu, soviel steht fest. Und davon ist in diesem Märchen die Rede. Die Konflikte werden differenzierter; Zauber wird ersetzt durch harte Realität.

Ich schreibe dieses Buch daher für all diejenigen Paare, die sich nicht aus-einander-setzen, die sich nicht streiten, die sich damit aber auch nicht die Möglichkeit zu einer eigenen Entwicklung geben, und für diejenigen Paare, die anscheinend schicksalhaft füreinander bestimmt sind, die nicht zusammen- und auseinanderkommen können, weil jeder für sich und beide gemeinsam ein Problem zu lösen haben, das sich in der Partnerschaft konstelliert. Persönliche Einsichten aus einer über zehnjährigen Ehe sowie ebensolange berufliche Erfahrungen in der Therapie mit einzelnen und Paaren ließen dieses Buch Gestalt annehmen.

Bevor wir das Märchen in den einzelnen Passagen zu verstehen suchen, möchte ich noch einen Hinweis geben, wie Sie einen ganz persönlichen Einstieg in dieses Märchen finden können: Schließen Sie die Augen, und lassen Sie das Märchen noch einmal vom Beginn bis zum Ende vorüberziehen. Achten Sie darauf, welches Bild, welche Szene vor Ihrem inneren Auge stehenbleibt, wo Sie am längsten verweilen. Dieses Bild können Sie malen, und Sie werden sehen – während Sie Ihr Bild in Ruhe betrachten –, was Sie bei diesem Märchen am meisten anspricht und betroffen macht, welche Fragen und Aufgaben sich Ihnen stellen.

Die Hexe

Verdrängte Weiblichkeit

Es war einmal ein altes Schloß mitten in einem großen dicken Wald, darinnen wohnte eine alte Frau ganz allein, das war eine Erzzauberin. Am Tage machte sie sich zur Katze oder zur Nachteule, des Abends aber wurde sie wieder ordentlich wie ein Mensch gestaltet. Sie konnte das Wild und die Vögel herbeilocken, und dann schlachtete sie, kochte und briet es. Wenn jemand auf hundert Schritte dem Schloß nahekam, so mußte er stillestehen und konnte sich nicht von der Stelle bewegen, bis sie ihn lossprach: wenn aber eine keusche Jungfrau in diesen Kreis kam, so verwandelte sie dieselbe in einen Vogel und sperrte sie dann in einen Korb ein und trug den Korb in eine Kammer des Schlosses. Sie hatte wohl siebentausend solcher Körbe mit so raren Vögeln im Schlosse.

Ein altes Schloß mitten in einem großen dicken Wald – das mutet fremdartig und geheimnisvoll an. Mit dem für viele Märchen typischen Beginn »Es war einmal« werden wir hineingeführt in das Niemandsland des kollektiven Unbewußten, in einen zeitlos-typischen, ursprünglichen, ja archetypischen Bereich, dessen Bedeutung uns noch verborgen ist.

Gewöhnlich befinden und befanden sich Schlösser nicht im Wald, sondern im Zentrum menschlicher Ansiedlungen. Stellt doch das Schloß, wie auch der Bewohner des Schlosses – in der Regel ein König oder ein Fürst –, die Mitte eines Volkes dar. Der König ist Garant für die öffentliche Ordnung, für Werte, Normen und Prinzipien des Landes. Noch heute können wir die zentrale Rolle des Schlosses in verschiedenen Stadtanlagen deutlich erkennen. Sternförmig um das Schloß herum gruppieren sich die Wohnhäuser und sonstigen Gebäude. Das Schloß stellt somit, psychologisch gesehen, das Zentrum des etablierten kollektiven Bewußtseins dar.

Wenn sich nun, wie in unserem Märchen, das Schloß »inmitten eines großen dicken Waldes« befindet und darin nicht der König, sondern eine alte Frau wohnt, ganz allein, eine Erzzauberin gar, so deutet sich bereits hier an, daß es sich um ein allgemeines, wichtiges und zentrales Problem handelt. Dieses Problem ist dem Bewußtsein noch verborgen. Der Wald als die natürliche Lebensgrundlage vieler Pflanzen und Tiere ist der Bereich, in dem etwas – von außen beinahe unbemerkt – wachsen und sich entfalten kann. Er entspricht der Schicht des Unbewußten. Im Unbewußten finden – ebenfalls von außen fast unbemerkt – Szenen seelischer Auseinandersetzung und Differenzierung statt und somit inneres Wachstum. Daher wird dem Unbewußten in der Psychologie weibliche Qualität zugeordnet, da es die Matrix, die Quelle für die seelische Entwicklung darstellt.

Die Attribute »groß« und »dick« bringen zusätzlich die Tiefendimension zum Ausdruck, in der die folgende unbewußte Auseinandersetzung stattfindet. Das Märchen ermöglicht einen Blick in die unbewußten und häufig zunächst nicht sichtbaren inneren Auseinandersetzungen und Entwicklungen.

Das Problem, das sich im Märchen zunächst stellt, ist im Symbol einer Erzzauberin gegeben. Sie ist nicht irgendeine Zauberin, sondern die Urzauberin überhaupt. Sie versteht ihr Handwerk. Am Tage verwandelt sie sich ganz nach Bedarf in eine Katze oder in eine Nachteule. Und sie wird schauerlich beschrieben als alte, krumme Frau, gelb und mager, mit großen, roten Augen. Ihre krumme Nase reicht mit der Spitze bis ans Kinn. Kein Zweifel, es handelt sich um eine Hexe mit all den Attributen, die man Hexen zuschrieb: der Katze und Eule, der Verwandlungsfähigkeit und der Verwachsenheit. Alles Weibliche ist bis zum Grotesken verzerrt. Ein bedrückender Zauber geht von ihrer Gestalt aus.

Aus der Geschichte des Hexenglaubens wissen wir, daß vorwiegend solche Frauen, die sich in außergewöhnlicher Weise vom Kollektiv unterschieden, als Hexen bezeichnet wurden, sei es wegen ihres Aussehens, wenn sie auffallend hübsch oder häßlich waren, sei es, daß sie sich durch ihre Lebensweise oder durch spezielles Wissen oder eine Fähigkeit von den anderen abhoben. Sie wurden verdächtigt, mit ganz besonderen Kräften oder sogar mit dem Teufel im Bund zu stehen, und wurden deshalb verfolgt. Das Sprichwort »Lange Nase, spitzes Kinn, sitzt gewiß der Teufel drin« ist bis in unsere Zeit bekannt. Insbesondere wurde im Volksglauben alten Frauen etwas Unheimliches, Übernatürliches angedichtet, so zum

Beispiel, daß ein Mädchen noch ein Jahr ledig sein würde, wenn einem Liebespaar als erstes eine alte Frau begegnet. Das Merkmal des Verwachsenseins oder ein sonst auffälliges äußeres Zeichen wie lange Nase oder blutunterlaufene Augen gaben in der Geschichte häufig Anlaß, diese Frauen als Hexen zu brandmarken und zu verfolgen. Bis in die Neuzeit hinein galten rote Augen als Zeichen der Hexen und des bösen Blicks. In Thüringen verwandelten sich nach dem Aberglauben die alten Weiber, die rote Augen hatten, mit Hilfe des Teufels in schwarze Katzen. Die gelbe Hautfarbe wurde der bösen Galligkeit von Hexen zugeschrieben. Auch unsere Hexe speit zum Schluß Gift und Galle gegen Joringel aus.

»Am Tage machte sie sich zur Katze oder zur Nachteule, des Abends aber wurde sie wieder ordentlich wie ein Mensch gestaltet.« Welche Absicht mag sie hinter diesen Zaubereien verbergen? An die Beantwortung dieser Frage können uns sowohl charakteristische Merkmale der beiden Tiere als auch volkstümliche Vorstellungen aus vergangenen Zeiten heranführen.

Im Volksglauben war die besondere Verwandlungsfähigkeit der Hexen wohlbekannt. Gerade Katzen und Eulen galten als typische Hexenbegleittiere. Aufgrund ihrer eigentümlichen Natur wird der Katze häufig ein unheimliches, dämonisches Wesen nachgesagt: Sie hängt am Haus und nicht am Menschen, sie schleicht mit leisem, raubtierhaftem Gang einher und mit grünlichen, des Nachts leuchtenden Augen. Sie wurde daher lange mit einer gewissen Scheu behandelt und ist erst verhältnismäßig spät ein allgemein verbreitetes Haustier geworden. Vielfältige Vorhersagen und Orakel wurden im Volksglauben von ihrem Verhalten abgeleitet. So manche Zauberhandlung wurde mit Katzen vorgenommen. In der Mythologie gelten sie als Tier der Großen Mutter; so hat beispielsweise die altnordische Göttin Freya ein prachtvolles Katzengespann.

Nicht minder eigentümlich ist das zweite Tier der Verwandlungsmöglichkeit unserer Erzzauberin: die Nachteule. Es genügt nicht die Eule schlechthin, nein, es muß betonterweise die Nachteule sein. Als Hexenvogel leistet sie den Hexen Botendienste. An sich sind alle Eulen Nachtvögel, mit einem noch auf den schwächsten Lichtschein ansprechenden Sehvermögen. Wenn die Dämmerung eintritt, beginnen sie ihren Beutefang. Wegen ihres lautlosen Fluges, ihrer starren, großen Augen und ihrer unheimlichen Rufe gelten sie als Unglücksboten und Todesverkünder. In manchen Gegenden bezieht sich dies speziell auf den Steinkauz (Athene nocturna). Im Vorarlbergischen wird dieser Vogel mitunter Klageweib oder Klagemüt terle genannt, und nach dem Aberglauben sollen Hexen wie Eulen schreien. In Schwaben schreit das Käuzchen einen Menschen heraus oder herein, das heißt, es zeigt Tod oder Geburt an. Im Elsaß ist das Käuzchen Schreckgespenst für die Kinder. Bezeichnenderweise heißt der »böse Blick« im Dänischen »uglesé«, das heißt »Eulen sehen«, und nach italienischem Aberglauben ist ihr Blick tötend.[1] Hier sehen wir die vorherigen Ausführungen über den bösen Blick bestätigt. In der Mythologie gilt die Eule als Tier der griechischen Göttin Athena und symbolisiert Weisheit und Seherisches. Bis heute hat sich dieses Symbol mitunter in Exlibris-Zeichen als Eigentumsnachweis im Stempel auf der Buchdeckelinnenseite erhalten.

Alle hier erwähnten Eigenschaften der Eule und der Katze werden im Hexenhaften der Erzzauberin wirksam und spürbar. Nun scheint es doch verwunderlich, daß sich die Erzzauberin gerade am Tage in eigentliche Nachttiere verwandelt. Ihr Aktivitätsradius ist dadurch erheblich eingeschränkt. Doch sie kann warten, warten wie eine Spinne, die ihr Netz gezogen hat. Wenn jemand dem Schloß zu nahe kommt, sich unachtsam dem Komplexbereich nähert, greift sie zu.

Um den Bann, der von der Hexe ausgeht, besser verstehen zu können, ist es sinnvoll, noch genauer zu überdenken, wie treffend unsere Erzzauberin durch die beiden Tiersymbole charakterisiert wird. In beiden Tieren sind zwei unterschiedliche Aspekte des Weiblichen dargestellt. Der Katze wird ein intensives Liebesleben nachgesagt, und sie gilt als fruchtbares Tier. Sie entstammt dem erdhaft-instinktiven, die Eule dem Luft- und Geistbereich. Die Katze symbolisiert das weibliche Triebleben, die Eule dagegen die geistig-seherisch-weiblichen Fähigkeiten.

Beides, sowohl das triebhaft Animalische als auch das Geistige, ist aber verdrängt – »ganz allein, mitten im dichten Wald« – das heißt, es ist nicht bewußt, es ist abgetrennt vom Dasein. So handelt es sich beim Symbol der Erzzauberin oder Hexe – psychologisch verstanden – um einen sich negativ auswirkenden, verdrängten Aspekt des Weiblichen. Etwas Hexenhaftes findet jeder in sich selbst, mehr oder weniger sicht- oder fühlbar für andere. Es gehört zu unseren Schattenseiten, die sich gern der Kontrolle entziehen. Zum Beispiel könnte das Festhaltend-Mütterliche gemeint sein, das das Kind nicht wirklich freigibt und damit seelische Entwicklung verhindert. Eigene Ansätze werden im Keim erstickt.

Was hat nun diese Erzzauberin mit unserem vorher erwähnten Paar zu tun? »Jorinde und Joringel heute« stehen noch im unerledigten Konflikt mit der Schattenseite der Mutter, die auf beider Leben versteckten Einfluß nimmt. Die Seele muß sich davon frei machen, andernfalls gerät sie unvermeidlich in den Bann der Erzzauberin. Tatsächlich träumt unsere moderne »Jorinde« immer wieder, daß sie allein oder zusammen mit ihrem Freund in einem Schloß sei. Entweder ist es dabei Winter, alles tiefverschneit, im Schloß fehlen Treppen und teilweise Gänge, oder alles ist sumpfig und überschwemmt. Sie klettert am Ufer entlang, rutscht einige Male aus und kommt kaum mehr über die Böschung hoch, gleitet und fällt. In einem anderen Traum wohnt sie mit ihrem Freund in einem feuchten und düsteren Schloß, wie etwa in Schottland oder am Wasser. Nur wenige Räume des Schlosses sind bewohnbar.

Diese Träume zeigen deutlich, wie die beiden innerlich noch von einer Kraft festgehalten werden, von der sie sich längst hätten befreien müssen. In verschiedenen anderen Träumen wollen sie miteinander zärtlich sein. Sie werden jedoch ständig – mal von Nonnen, mal von den Eltern – daran gehindert. In einer Traumszene schreit die Träumerin die Mutter an mit den Worten: »Du alte Hexe!«

Psychologisch gesehen, besagen diese und ähnliche Motive aus der Traumwelt, daß sowohl der Triebbereich mit seiner dynamisch sich entwickelnden Aggression und Sexualität als auch die Möglichkeiten einer ureigenen geistigen Entwicklung noch im Unbewußten liegen, im Machtbereich des Mütterlichen. Beide, »Jorinde und Joringel von heute«, verharren noch wie in einem verhexten, verzauberten Zustand, sind noch nicht frei, sich aus dem eigenen Ich heraus entscheiden und ihr Leben sowohl in der Sexualität als auch in der weiteren Entwicklung selbst zu gestalten. Der Härte dieser Realität weicht sie, die ich »Jorinde« nannte, immer wieder aus: Sie flieht in Phantasien erotischer Art mit anderen Männern, oder sie setzt zu Höhenflügen an, was ihre Berufs- und Lebenssituation allgemein betrifft, und verkennt somit ihre reale Situation. Die vitalen Auseinandersetzungen mit zentralen Lebensproblemen wurden noch nicht geleistet, sei es die Gestaltung der Sexualität oder beispielsweise die Frage der Mutterschaft, sei es der eventuell damit aufkeimende Konflikt einer möglichen beruflichen Karriere sowie der weiteren Lebensplanung.

Andererseits entzieht sich der Mann, von mir »Joringel« genannt, dieser Auseinandersetzung, indem er sich vermehrt seinen beruflichen Interessen widmet und das aus männlicher Sicht altbewährte Rollenverhalten festigt, um so einer drohenden Verunsicherung ausweichen zu können, weil sie für ihn schmerzhaft und irritierend sein könnte. Auch er baut an einem irrealen Traumschloß und stellt sich somit nicht seiner eigenen seelischen Entwicklung, der

Entwicklung seiner weicheren, weiblichen Seite, der Beziehungsfähigkeit.

An dieser Stelle ist wichtig, anzumerken, daß Hexen im Aberglauben gerade im negativen Liebeszauber eine große Rolle spielen. Eine »Behexung« wirkt auf die Beziehung zwischen Mann und Frau und kann sogar impotent machen. Hier klingt die psychologische Tatsache an, daß eine ungelöste und unbewußte Elternbindung den Beginn und das Gestalten einer Partnerschaft erschwert oder sogar unmöglich macht. Folglich verarmt häufig der erotische Bereich, oder die Anpassung an die konkrete Lebenssituation fehlt und ist nicht erarbeitet worden.

Je unbewußter oder autonomer ein Komplexbereich ist, desto größer und verschlingender ist seine Wirkkraft. So erscheint im Symbol der langen, bis ans Kinn reichenden Nase – manchmal werden Hexen auch mit besonders langen Zähnen dargestellt – ein phallisch-kastrierender oder fressender Aspekt der Großen Mutter. Dies kommt auch in der Redensart »Ich habe dich zum Fressen gern« zum Ausdruck. Die Hexe in unserem Märchen wird beschrieben, wie sie Vögel und Wild herbeilockt, es schlachtet, kocht und brät. Diese Szene erinnert an das bekannte Märchen von Hänsel und Gretel, in dem mitten in einem Wald ein außergewöhnlich verlockendes Haus steht; es wird von einer Hexe bewohnt, die den Hänsel alsbald einsperrt, um ihn zu mästen und anschließend zu verzehren.

Wie stark die Wirkkraft unserer Erzzauberin ist, zeigt der verheerende Stehbann, den sie hundert Schritte um ihr im dämmrigen Wald verborgenes

Schloß gelegt hat: Beide überschreiten die unsichtbare Grenze. Jorinde wird in eine Nachtigall verwandelt, und Joringel kann sich plötzlich nicht mehr von der Stelle rühren. Das Festbannen mit einem Zauberspruch und das Lösen des Bannes durch eine Lösungsformel ist ein altes, weitverbreitetes Sagenmotiv.

Doch besonders scheint es diese Alte auf keusche Jungfrauen abgesehen zu haben, die sie in Vögel verwandelt, in Körbe einsperrt und in irgendwelchen Kammern des Schlosses unterbringt. Sie hat es schon auf die stattliche Zahl von siebentausend solcher Körbe gebracht. Das zeigt den ungeheuren Sog, den diese Hexe auszuüben versteht.

Nicht minder ist Joringel davon betroffen: Ihm wird Jorinde entzogen. Mit großer Sorgfalt trennt die Erzzauberin die Pärchen. Wenn ihr selber schon der Zugang zum Männlichen verwehrt ist durch ihre Gestalt oder ihr Schicksal, dann sollen auch Joringel und all die anderen Bräutigame der siebentausend Mädchen nicht die Schönheiten der Brautzeit erfahren oder zumindest darin gestört werden.

Jungfräulichkeit kann als Aspekt der noch unerwachten und unbewußten Seele verstanden werden, der zum Leben erweckt sein will. Psychologisch gesehen, sprechen wir von Inbildern, Animagestalten, die sich der Mann vom weiblichen Gegenüber macht. Begegnet der Mann einer Frau, die seiner noch unbewußten Anima entspricht, ist er fasziniert. Ist sich zusätzlich diese Frau ihrer Weiblichkeit unbewußt, stehen beide im Bann ihrer Unbewußtheit. Es ist immer wieder verwunderlich, wie die Märchen oft mit ein paar Bildern, einigen wenigen zentralen Symbolen diese Problematik aufzeigen. So handelt es sich im vorliegenden Märchen um die außerordentliche Wirksamkeit einer verhexten, negativen, festbannenden, fressenden Weiblichkeit, die es gerade auf junge Frauen abgesehen hat, mit gleichzeitiger Wirkung auf den Partner. Hier spricht das Märchen auch die Schwierigkeiten an, die Frauen bei ihrer Auseinandersetzung mit ihren Müttern haben. Diese Auseinandersetzung ist heute erschwert, da allgemeingültige Vor- und Leitbilder zunehmend fehlen.

Wenn im Mythos wie im Märchen jugendliche und jungfräuliche Eros-Seiten gefressen oder eingesperrt werden, folgt daraus meist eine große Verarmung und Bedrohung für eine mögliche Erneuerung des Lebens. Nicht nur der individuelle Bereich verarmt, die Wirksamkeit eines solchen Hexenkomplexes stellt auch eine Gefahr dar für das Kollektiv. Werden entscheidende Triebkräfte verdrängt und nicht erlöst, kann keine Neuerung mehr stattfinden. In unserer kollektiven Situation ist das Weibliche mit seiner instinktiven und seiner natur-weisheitlichen Seite lange verdrängt worden und hat sich daher in vieler Hinsicht in ein negatives Potential verwandelt. Werte wie Zärtlichkeit, Muße, Intuition werden kompensiert durch Sex, Leistung und sogenannte Wissenschaftlichkeit. Die Integration von Instinkt und Geist, von Natur und Kultur haben wir bis heute in weiten Gebieten noch nicht hinlänglich geleistet. Wird das Weibliche, die Mater und Matrix alles Seienden – unser aller Grundlage –, verdrängt, so kehrt es sich gegen uns und wird negativ. Wenn Menschen in einer Instinktverdrehtheit am Eigentlichen vorbeigehen, wenn sie ver-rückt sind, sich von der unbewußten Matrix weggerückt haben und anders leben, als sie ihrer inneren Bestimmung nach eigentlich sollten, so bleibt das nur eine Zeitlang ungestraft. Das Unbewußte, die Natur in uns, holt sich ihren Tribut. Sie läßt nicht beliebig lange mit sich Schindluder treiben, und häufig bewirkt eine seelische oder körperliche Erkrankung – oder wie bei Jorinde und Joringel die abrupte Trennung – eine Krise und damit die Chance, innezuhalten und sich auf sein Eigentlichstes wieder zu besinnen, wieder zu sich selbst zurückzukehren, um nicht permanent »aus dem Häuschen zu sein«.

Wie sehr wir uns von unserer inneren Natur entfremdet haben, zeigt sich heute auch in der äußeren Natur. Wir haben nicht nur Raubbau am inneren Baum vollzogen, auch die äußeren Bäume sind am Sterben. Die Mutter Natur wendet sich gegen uns, vernichtet uns selbst, wenn wir nicht im Einklang und in einer bewußten Spannung mit ihr leben. In der mythologischen Vorstellung der Indianer ist dieses äußerst feinfühlige ökologische Empfinden enthalten: Die Erde und die gesamte Natur werden als Große Mutter gesehen. Die Berge sind die Rundungen ihres Körpers, die Wälder ihre Haare. Der Mensch sollte so auf und mit dieser Mutter leben, daß er sie nicht unnötigerweise verletzt oder sie sogar zum Verbluten bringt. Ein Raubbau, eine Verletzung dieser Mutter durch ungehindertes Ausplündern wäre nach einer solchen Sichtweise völlig unvorstellbar. Der Mensch ist auf die Natur angewiesen, er lebt von ihr und kann sich deshalb auf Dauer nicht gegen sie stellen.

Das Paar

Zauber der Liebe

Nun war einmal eine Jungfrau, die hieß Jorinde: sie war schöner als alle andern Mädchen. Die und dann ein gar schöner Jüngling, namens Joringel, hatten sich zusammen versprochen. Sie waren in den Brauttagen, und sie hatten ihr größtes Vergnügen eins am andern. Damit sie nun einsmalen vertraut zusammen reden könnten, gingen sie in den Wald spazieren. »Hüte dich«, sagte Joringel, »daß du nicht so nahe ans Schloß kommst.« Es war ein schöner Abend, die Sonne schien zwischen den Stämmen der Bäume hell ins dunkle Grün des Waldes, und die Turteltaube sang kläglich auf den alten Maibuchen.

Jorinde weinte zuweilen, setzte sich hin im Sonnenschein und klagte; Joringel klagte auch. Sie waren so bestürzt, als wenn sie hätten sterben sollen: sie sahen sich um, waren irre und wußten nicht, wohin sie nach Hause gehen sollten. Noch halb stand die Sonne über dem Berg, und halb war sie unter. Joringel sah durchs Gebüsch und sah die alte Mauer des Schlosses nah bei sich; er erschrak und wurde todbang. Jorinde sang:

»Mein Vöglein mit dem Ringlein rot
Singt Leide, Leide, Leide:
Es singt dem Täubelein seinen Tod,
Singt Leide, Lei – zucküht, zicküth, zicküth.«

Dieser Teil des Märchens klingt besonders poetisch. Jorinde und Joringel sind in den Brauttagen und haben ihr größtes Vergnügen eins am andern. Um ungestört zu sein und vertraut miteinander reden zu können, gehen sie an einem schönen Abend im sonnendurchfluteten Wald spazieren. Eine romantische Idylle für Liebende. Doch im Hintergrund singt schon die Turteltaube kläglich auf den alten Maibuchen und kündet die herannahende Melancholie an. Und »Jorinde setzte sich hin im Sonnenschein und klagte«. Aus welchem Grunde nur? Nichts sonst deutet auf einen Mißklang in der Beziehung hin. Oder doch?

»Sie turteln wie die Tauben«, diese Redensart ist bekannt und beliebt. Wer Tauben beobachtet, wenn sie lebhaft gurrend miteinander schnäbeln, wird unwillkürlich an ein Liebespaar erinnert. Über Tauben weiß man, daß sie in der Liebe sehr treu sind und ihre Partnerschaft selten brechen. Im Altertum waren sie heilige Tiere weiblicher Gottheiten der Liebe und Fruchtbarkeit, wie der Ishtar, der Aphrodite oder der Venus, denen sie hauptsächlich auch geopfert wurden. Die Turteltaube wird auch als Sinnbild männlicher Erregung gesehen. Auch die Maibuchen, von denen aus die Turteltaube ihr Klagelied singt, betonen die Situation der Liebe. Maibuchen sind Frühlingsboten. In Westfalen kennt man sie als Kleinkinderbäume, aus denen die kleinen Kinder geholt werden. Im Brauch des Maiensteckens, bei dem der junge Mann seiner Geliebten in der Johannisnacht ein Bäumchen vor das Haus stellt und sich somit zu dieser Beziehung bekennt, wird ebenfalls das Symbol der Liebe sichtbar. Die besonders innige Zuneigung der beiden drückt sich auch in der Wahl der anmutigen Namen »Jorinde und Joringel« aus. Der Gleichklang der im Stabreim aufeinander abgestimmten Namen verrät eine enge, fast symbiotische Beziehung: Eins kann ohne das andere nicht sein, zwischen beiden besteht eine unbewußte Identität. Darin kündigt sich das nahende Unheil an. Die Namen und wohl auch die Personen sind zum Verwechseln ähnlich. Enge, geschwisterliche Verbindungen von Mann und Frau, von Bruder und Schwester bilden das Thema vieler Märchen. In all diesen Märchen wird der Bruder oder die Schwester von einer Verzauberung bedroht und die Liebe der Geschwister durch einen Fluch belastet, wie etwa bei »Hänsel und Gretel« oder »Brüderchen und Schwesterchen«. Frau und Mann als Paar stellen zwar psychologisch die innere Ganzheit dar, das Selbst in seinem männlich-weiblichen Aspekt zusammen mit der latenten Gegensatzstruktur, doch muß diese Ganzheit zunächst innerlich errungen werden, bevor sie auch äußerlich vollzogen werden kann. Die noch unbewußte Wesensverwandtschaft, die zu enge oder inzestuöse Bindung muß zuerst getrennt werden, damit eine neue Ganzheit gefunden werden kann. Genau dies ereignet sich im dramatischen Verlauf unseres Märchens.

Eine starke Liebessehnsucht scheint auch eine Todessehnsucht zu beinhalten. Trotz des größten Vergnügens der beiden aneinander taucht unerwartet tiefe Bestürzung auf, als hätten sie sterben sollen. Wie schon gesagt: Es ist auf den ersten Blick nicht eindeutig erkennbar, wodurch dieser Stimmungswechsel hervorgerufen wird. Die Nacht dringt langsam vor, auch in beider Seelen, die Sonne steht nur noch »halb über dem Berg, und halb ist sie unter«. Dazu dieser klägliche Gesang der Turteltaube. Vielleicht ist es die Angst vor dem Sterben, das zum Leben führt.

In der Liebe erleben wir neben einem faszinierenden auch einen erschreckenden Aspekt, wenn sie uns in ihrer Numinosität erfaßt. Sie ist die Sehnsucht nach Einswerden, nach Verschmelzen; und zugleich ist diese Sehnsucht begleitet von der Angst vor Grenzverlust, vor dem Verlust des eigenen Ichs. Deshalb gehört die »Identität von Hochzeit und Tod« zu den Grundanschauungen der antiken Mysterien.[2] Erfüllung und Selbstaufgabe, orgiastischer Rausch und tödlicher Schauer gehören zur Liebe, weil sie den Erfahrungshorizont des einzelnen Menschen sprengen. Die Erfahrung der Auflösung von Grenzen und des Ineinanderfließens wird glücklich und angst machend zugleich in der Sexualität erlebt. Nicht von ungefähr wird daher der Orgasmus in einer französischen Umschreibung als »la petite mort« bezeichnet. Nur in der Bildersprache lassen sich die Spannungen der Liebe wie Zärtlichkeit und Trieb, Glück und Tod, Verlangen und Erfüllung, Angezogen-Werden und ängstliche Flucht einfangen; nur in ihr läßt sich die Einmaligkeit der Liebe, aber zugleich auch ihre allgemeine Gültigkeit aussagen. Die Spannung zwischen Liebe und Tod zeigt sich auch eindrücklich im folgenden Traum einer fünfunddreißigjährigen Frau: »Im Traum denke ich über die Bedeutung des Todes für die Liebe nach. Dabei komme ich zu dem Schluß, daß zur Liebe auch das Akzeptieren des

Todes gehört. Ansonsten handelt es sich um Anklammern.«

Angst vor echter partnerschaftlicher Nähe haben viele Menschen. Unzählige Spiele werden gespielt[3], um Nähe zu vermeiden, obwohl gleichzeitig ein starker Wunsch nach eben dieser Nähe und Zärtlichkeit besteht. Hinter diesen oft auch neurotischen Arrangements verbirgt sich letztlich die unauflösbare Ambivalenz von Sehnsucht und Angst. Eine Patientin erzählte, wie sie in der Beziehung mit ihrem Partner zugleich Angst und Lust, freudige Erregung und Schmerz erfahre, und wie sie andererseits Impulse spüre, ihren Partner für das zu bestrafen, was er ihr auch lustbringend antut. Sie könne ihren Kopf nicht ausschalten, habe Angst vor dem Sich-Fallenlassen (to fall in love), vor dem Strudel, der sie hinabreiße.

Sich schenken in der Liebe kann nur, wer sich vorher selbst besitzt. Viele Beziehungs- und Sexualstörungen haben hier ihre Ursache. Solange jeder einzelne – ob Mann oder Frau – sich nicht selbst hat, das heißt weitgehend losgelöst ist von einer unbewußten Bindung an den gegengeschlechtlichen Elternteil oder auch an Bruder und Schwester, so lange ist eine geglückte Partnerschaft nicht möglich. Ansonsten wird in ihr die Wiederherstellung der frühen symbiotischen Situation gesucht.

Nicht von ungefähr heißt es in der Bibel: »Darum wird der Mann Vater und Mutter verlassen, und die zwei werden ein Fleisch sein. Sie sind also nicht mehr zwei, sondern eins« (Markus 10,7).

Die Bedingung zum Einswerden ist zuerst das Verlassen von Vater und Mutter. Es geht hier nicht um das rein äußere Verlassen der Eltern, sondern vielmehr um die innere Auseinandersetzung mit dem gegengeschlechtlichen Inbild. Wer das geleistet hat und diesen Teil integrieren konnte, ist fähig, in einer Beziehung nicht mehr stets Mutter oder Schwester, Vater oder Bruder zu suchen, und er hat nicht das unbewußte Verlangen, in einer Symbiose die ursprüngliche Einheit und Ganzheit wiederherzustellen. Daher ist für den Mann die Entwicklung der eigenen weiblichen Seite, das heißt die Ab- und Herauslösung seiner Anima von der Beziehung zur Mutter, sowie für die Frau die Entwicklung der eigenen männlichen Seite, das heißt die Ablösung ihres Animus von der Beziehung zum Vater, eine notwendige Voraussetzung für eine spätere Partnerschaft.

Es ist heute auch in der Psychologie schwierig geworden, über das, was weiblich oder männlich sei, etwas auszusagen. Das Begriffspaar »Anima und Animus« meint zunächst lediglich die Polarität und Zusammengehörigkeit dieser beiden Prinzipien. Die inhaltliche Füllung dieser Begriffe ist problematisch, da das, was unter weiblich und männlich verstanden wird, kultur- und zeitabhängig ist. Zum besseren Verständnis möchte ich dennoch versuchen, inhaltlich einige Unterschiede, die keine Wertung darstellen sollen, anzugeben.

Unter dem Begriff der »Anima« verstehen wir in der analytischen Psychologie die weiblichen Seeleneigenschaften des Mannes: seine Stimmungen, Gefühle und Ahnungen, seine Empfänglichkeit für das Irrationale sowie die persönliche Liebesfähigkeit, aber auch seine Launen und Mißmutigkeiten, seine

Animositäten. Die individuelle Erscheinungsweise der Anima wird überwiegend vom Charakter der Mutter und Schwester, das heißt von den ersten weiblichen Beziehungspersonen her geprägt. Dementsprechend dazu erfaßt der Begriff »Animus« die männlichen Seeleneigenschaften der Frau, die ebenfalls stark von den ersten männlichen Bezugspersonen beeinflußt und gestaltet werden: ihre Initiative und Unabhängigkeit, ihr Mut zu neuen schöpferischen Ideen, ihre Objektivität und geistige Klarheit, aber auch die Tendenz zur Selbstabwertung »Du bist nichts, du kannst nichts«, oder ein Starrsinn, der sich in Vorurteilen, Rechthabereien oder kollektiven Meinungen kundtut.

Das Männliche stellt für das Weibliche Erlösung zum Bewußtsein dar, und das Weibliche für das Männliche Erlösung vom Bewußtsein. Männliches und Weibliches erlösen und ergänzen einander. Daß in Partnerschaften diese eigenen polaren Seeleneigenschaften häufig projiziert erscheinen und vom jeweiligen Partner erwartet werden, brachte Jolande Jacobi einmal im folgenden eindrucksvollen Bild zum Ausdruck: »Die ›Liebesehen‹ – und heute meint man, nur solche schließen zu dürfen und infolge von Projektion auch geschlossen zu haben – empfinden es als höchste Erfüllung, wenn sie wie die zwei Hälften eines Apfels zu einem ganzen, runden Apfel zusammenwachsen. Das gibt ihnen das Glücksgefühl eines absoluten Einsseins. Die Hälften passen so aufeinander, daß vorerst keine Nahtstelle sichtbar beziehungsweise fühlbar wird. Doch weil in solchen Fällen für keinen der Ehepartner Raum zum Atmen bleibt und weil der Drang nach einer individuellen Entwicklung jedem Menschen von Natur aus stärker oder schwächer innewohnt, verschieben sich im Laufe des Lebens die zwei ›Apfelhälften‹, und langsam entsteht ein vom Partner ungedeckt gebliebener Teil. Wird dieser nicht durch eine eigene Entfaltung ergänzt beziehungsweise kompensiert, so bleibt er frierend und einsam dem rauhen Wind des Lebens ausgesetzt. Je länger das Auseinanderschieben der Hälften dauert, desto größer wird die ›ungedeckte‹ Stelle sein, desto einsamer und ungeschützter wird sich der Mensch fühlen und im selben Maße klagen und Ansprüche an seinen Partner stellen. Dieser soll die entschwundene ›Ganzheit‹ ersetzen, die ursprüngliche totale Verschmelzung wiederherstellen und für alles ›Fehlende‹ herhalten. Ein Ansinnen, das vor allem die weibliche Ehehälfte vorbringt, da es dem Mann leichter fällt, in seinem Beruf einen Ersatz für häusliche Enttäuschungen und Einsamkeiten zu finden. Doch kann uns unter solchen Umständen niemals der andere helfen, sondern nur die eigene Kraft und der eigene Mut, sich vom Partner abzulösen und sich selbst zu werden, nicht ein ›halber Apfel‹, eine halbe Persönlichkeit zu bleiben, sondern ein ganzer Mensch zu werden. Ist man dann ein ›ganzer Apfel‹ geworden, indem man aus sich selbst etwas gemacht hat, so wird die Beziehung zum Ehepartner zwar weniger eng und ›nahtlos‹, dafür jedoch um so abwechslungsreicher, anregender und befriedigender sein. Denn dann kann man sich wie zwei runde Äpfel an jedem Punkte ihrer Rundung treffen und sich immer neu aufeinander freuen.«[4]

Noch vor wenigen Jahren versuchten Psychologen und Soziologen den Unterschied von männlich und weiblich lediglich auf erzieherische und gesellschaftliche Ursachen zurückzuführen. Heute sehen wir, daß einerseits viel von dieser auch leidvollen Polarität kulturell bestimmt ist. Andererseits bestehen jedoch zweifellos auch geschlechtsspezifische Unterschiede zum Beispiel in der Art des Denkens und Fühlens, die, wenn sie gleichwertig gesehen werden, eine bereichernde gegenseitige Ergänzung ermöglichen. Es bleibt aber auch das Streben nach Ganzheit und die Sehnsucht nach Überbrückung dieses Unterschiedes. Diese Erfahrung schildert der Mythos vom Kugelmenschen in Platos Schrift »Gastmahl«. Plato beschreibt darin, daß die Natur des Menschen ursprünglich ganz und rund war, in Form eines Kugelmenschen. Da die Menschen so ihren Erzeugern ähnlich waren und sich einen Zugang zum Himmel bahnen wollten, berieten die Götter, was sie tun sollten. »Mit Mühe endlich hatte sich Zeus etwas ersonnen und sagte: Ich glaube, nun ein Mittel zu haben, wie es noch weiter Menschen geben kann und sie doch aufhören müssen mit ihrer Ausgelassenheit, wenn sie nämlich schwächer geworden sind. Denn jetzt, sprach er, will ich sie jeden in zwei Hälften zerschneiden, so werden sie schwächer sein und doch zugleich uns nützlicher, weil ihrer mehr geworden sind. Und aufrecht sollen sie gehen, auf zwei Beinen ... Dies gesagt, zerschnitt er die Menschen in zwei Hälften, wie wenn man Früchte zerschneidet, um sie einzumachen, oder wenn sie Eier mit Haaren zerschneiden ... Jeder von uns ist also ein Stück von einem Menschen, da wir ja, zerschnitten wie die Schollen, aus einem zwei geworden sind, also sucht nun immer ›jedes‹ sein anderes Stück.«[5]

Kehren wir zu unserem Märchen zurück. Die Sehnsucht und die Angst vor einer ersten Zärtlichkeit wird an dieser Stelle überaus feinfühlend geschildert. Es handelt sich ja um eine Jungfrau und um einen Jüngling in den Brauttagen, in denen sie ihre Jungfräulichkeit und Unversehrtheit verlieren; sie sind im Begriff, Frau und Mann zu werden. Jorinde singt:

»Mein Vöglein mit dem Ringlein rot
Singt Leide, Leide, Leide:

Es singt dem Täubelein seinen Tod,
Singt Leide, Lei-zucküth, zicküth, zicküth.«

Vom »Hohenlied« des Königs Salomon bis zum einfachen Volkslied in Sagen und Gedichten begegnen wir dem Ring als Pfand der Treue, Zuneigung und Liebe. Die Ringform ist das Symbol des Unendlichen, da sie ohne Anfang und Ende ist. Der Ring im Lied der Jorinde ist Symbol der Hoffnung für das Gelingen einer dauerhaften Beziehung. Die zweite Strophe leitet mit den Worten »Es singt dem Täubelein seinen Tod« den Abschied von einer zu romantischen Liebe ein. Dabei könnte das rote Ringlein in Jorindes Lied auch als Symbol für die Defloration stehen, bei der das Mädchen seine sexuelle Unschuld (»Es singt dem Täubelein seinen Tod«) einbüßt. Die Ambivalenz, die Lust und Angst vor diesem Erlebnis, kommt auch in Eduard Mörikes Gedicht »Erstes Liebeslied eines Mädchens«[6] zum Ausdruck:

»Was im Netze? Schau einmal!
Aber ich bin bange;
Greif' ich einen süßen Aal?
Greif' ich eine Schlange?

Lieb' ist blinde
Fischerin;
Sagt dem Kinde,
Wo greift's hin?

Schon schnellt mir's in Händen!
Ach Jammer! O Lust!
Mit Schmiegen und Wenden
Mir schlüpft's an die Brust.

Es beißt sich, o Wunder!
Mir keck durch die Haut,
Schießt's Herze hinunter,
O Liebe! Mir graut!

Was tun, was beginnen?
Das schaurige Ding,
Es schnalzet da drinnen,
Es legt sich im Ring.

Gift muß ich haben!
Hier schleicht es herum,
Tut wonniglich graben
Und bringt mich noch um!«

Dieses Gedicht von Mörike ist ungefähr um dieselbe Zeit entstanden wie unser Märchen und zeigt, wie Liebe mit Angst und Todessehnsucht eng verbunden ist. Dieses Thema spielte in der Romantik eine wesentliche Rolle. Viele romantische Dichter sind außergewöhnlich früh gestorben. Die Sehnsucht hat sie verzehrt. Zu geringe Spannung zwischen Bewußtsein und dem Unbewußten führte dahin, daß letzteres eine lähmende und verschlingende Wirkung ausüben konnte. So heißt es bei Novalis: »Im Tode ist die Liebe am süßesten, für den Liebenden ist der Tod eine Brautnacht, ein Geheimnis süßer Mysterien.«[7]

Wen Amors Pfeil getroffen hat, der ist verzaubert und oftmals in der Gefahr, irrezugehen. In diesem Zustand ist man häufig desorientiert. Den Ausdruck »verliebt« brachte Helmut Remmler bezeichnenderweise in Zusammenhang mit »sich verlaufen«.[8] Auch der englische Ausdruck »to fall in love« zeigt die Gefahr, den festen Boden zu verlieren.

Auch Jorinde und Joringel verlaufen sich, wie wir wissen. Anstatt, wie sie es vorhatten, vertraut miteinander zu reden, sich zu erkennen in ihrer gegengeschlechtlichen Faszination und ihrem Erschrecken, irren sie im Wald umher und geraten im Zustand des Verliebtseins in den Bann der Erzzauberin, die längst im Verborgenen auf sie lauert. Das drohende Unheil scheinen sie zu ahnen – so könnte das Weinen und Klagen auch verstanden werden. Joringel erinnert noch daran, nicht zu nahe ans Schloß zu kommen. Er weiß um die Gefahr, doch ist seine Ermahnung vergebens; sie überzeugt nicht, da er seine Gefühle und seine Intuition noch nicht genügend ernst nimmt. Die Geschichte muß ihren Lauf nehmen. Möglicherweise spüren beide längst unbewußt, daß ihre Beziehung so, wie sie gerade ist, nicht bleiben kann. Beide sind zu symbiotisch aneinander gebunden, und es bedarf einer Klärung, einer Aus-ein-andersetzung.

Im Bannkreis der Hexe

Wie Komplexe uns bestimmen können

Joringel sah nach Jorinde. Jorinde war in eine Nachtigall verwandelt, sie sang: »Zicküth, zicküth.« Eine Nachteule mit glühenden Augen flog dreimal um sie herum und schrie dreimal: »Schu, hu, hu, hu.« Joringel konnte sich nicht regen: er stand da wie ein Stein, konnte nicht weinen, nicht reden, nicht Hand noch Fuß regen. Nun war die Sonne unter: die Eule flog in einen Strauch, und gleich darauf kam eine alte krumme Frau aus diesem hervor, gelb und mager: große rote Augen, krumme Nase, die mit der Spitze ans Kinn reichte. Sie murmelte, fing die Nachtigall und trug sie in der Hand fort. Joringel konnte nichts sagen, nicht von der Stelle kommen; die Nachtigall war fort. Endlich kam das Weib wieder und sagte mit dumpfer Stimme:

»Grüß dich, Zachiel,
wenns Möndel ins Körbel scheint,
bind los, Zachiel, zu guter Stund.«

Da wurde Joringel los. Er fiel vor dem Weib auf die Knie und bat, sie möchte ihm seine Jorinde wieder geben; aber sie sagte, er sollte sie nie wieder haben, und ging fort. Er rief, er weinte, er jammerte, aber alles umsonst. »Uu, was soll mir geschehen?«

Nun ist es also geschehen. Gerade als Jorinde ihr »Leide, Leide« singt, geschieht unmerklich die Verwandlung. Lei-ziküth, ziküth . . .! Jorinde ist in eine Nachtigall verwandelt. Beide waren sie in ihrer Verliebtheit zu weit in den Bannkreis der Erzzauberin geraten. Und Joringel steht da wie versteinert. Die Sonne ist nun vollends untergegangen.

Entspricht diese Szene nicht einer wohlbekannten Situation in Partnerschaften? Eben noch war man vertraut und einig, und plötzlich steht eine Mauer des Unverständnisses dazwischen. Ein oder beide Partner befinden sich in der Macht einer inneren Blockade, eines Komplexes, die beide anscheinend unüberwindlich trennt. Oft hat nur ein falsches Wort oder ein Mißverständnis diese gegenseitige Trennung ausgelöst. Jorinde ist im Käfig, in eine Nachtigall verwandelt, Joringel starr wie ein Stein. Welten scheinen die beiden zu trennen. Dieses Sich-nicht-mehr-verständigen-Können wirft jeden auf sich selbst zurück. Im weiteren Gang des Märchens ist zunächst jeder auf sich selbst gestellt. Auch in der Partnerschaft gibt es Zeiten des Alleinseins, der Wüste, des Verstummens. Doch kann die Erfahrung des Nicht-mehr-sprechen-Könnens auch eine Herausforderung sein, sich und den andern besser wahrzunehmen und zu erkennen und eine seitherige Projektion abzubauen, den andern in seinem Anderssein zu akzeptieren. In unserem Märchen muß fortan jeder zunächst seinen Weg gehen. Es ist ein Heilungsprozeß, der von der als heil vorgestellten Welt heilt. Am Anfang sind beide ineinander verliebt und kennen weder sich noch den anderen. Am Schluß des Märchens erst lieben sie sich.

Doch schauen wir uns nach diesem kurzen Vorgriff die einzelnen Schritte und Symbole näher an. Jorinde wird in eine Nachtigall verwandelt. Schon Hunderte dieser raren Vögel gelangten in den Besitz der Erzzauberin. Keine Nachtigall singt gleich wie die andere, und jede kennt mehrere Strophen. Tag und Nacht erklingt ihr Lied, doch ganz besonders deutlich ist es im Frühjahr in den frühen Morgenstunden vernehmbar, wenn die Nacht dem Tag langsam zu weichen beginnt und alle anderen Vögel noch schlummern. Nicht selten erscheint im Volksglauben die Nachtigall als verdammte Seele; vereinzelt werden ihrem Gesang Worte erotischer Art unterlegt. Das schöne Singen soll Schmerzen lindern, den Kranken rasche Besserung und den Sterbenden sanften Tod bringen. In vielen Volksliedern erscheint »Frau Nachtigall« als Botin der Liebe. In einigen Märchen kommt bereits zu Beginn eine Frau in Vogelgestalt vor, die durch eine Hexe verwandelt wurde und auf Erlösung durch einen Märchenhelden wartet.[9] Wenn wir dies ins Psychologische übertragen, müssen wir wissen, daß in Mythen die Seele mitunter als flüchtiges Wesen der Luft in Gestalt eines Vogels oder eines Schmetterlings dargestellt wird. Gehen wir nun von der fehlenden Ganzheit des Joringel aus, von der unentwickelten weiblichen Seite in ihm, so kann die in Vogelgestalt verwandelte Frau als das weibliche Seelenbild des Mannes gesehen werden, als seine Anima, die verwandelt erscheint und später noch von der Erzzauberin weggesperrt und somit vollends unzugänglich wird. Das Gefühl liegt noch ganz im Bereich des Mutterkomplexes. Solche Männer sind unfähig zu einer konkreten Beziehung. Entweder sie wirken erstarrt »wie ein Stein« und können nicht gefühlsmäßig reagieren, oder das Gefühl ist sentimental überzogen und entrückt. Das Weibliche wird gleichsam unerreichbar erhöht.

Ich möchte hierzu den Traum eines vierundzwanzigjährigen Mannes anführen, der sich noch nicht von der Mutter innerlich abgelöst hatte: »Da ist eine grüne, satte Grasfläche unter einem wolkenlosen Himmel. Am Himmel schwebt ein rosarotes, kreisrundes Raumschiff. Schwäne fliegen ungehindert ein und aus. In der Mitte schläft in einem Vogelkäfig eine nackte Frau. Dreibrüstige, nackte Mädchen, die als Schwäne das Raumschiff verlassen hatten, spielen Ball im Gras mit ihrer dritten Brust. Sie werfen sich jeweils jene zu, um sofort eine andere wieder aufzufangen, die sie gerade dort hinsetzen, wo die weggeworfene sich zuvor befunden hatte. Als Leda sich in ihrem Käfig erhebt und verkündet: ›Es sind die Männer von Worms‹, stürzen die Mädchen unter heftigem Gekreische die Ebene hinunter. Ein Mädchen hatte einen Augenblick gezögert, schließlich die dritte Brust in die Hände genommen, mich lachend angeblickt und sie mir zugeworfen. Dann rannte auch sie davon. Die Brust, die graziös geworfen schien, fiel schwer, wie ein Medizinball aus Fleisch, Haut und Blut, vor mir ins Gras.«

In diesem Traum nähert sich mit einem Raumschiff eine Gruppe abgeschiedener Geister, die bisher als vom Träumer abgetrennte, jugendliche Gefühlsaspekte nun zum erstenmal mit ihm lachend Kontakt aufnehmen. Noch sind diese Aspekte in Tiergestalt verwandelt: Schwäne fliegen ungehindert ein und aus. Der Schwan gilt als Seelenvogel, als Symbol eines geistigen Prinzips und auch als Sonnensymbol. Dieser Seelenvogel muß erst noch menschliche Gestalt annehmen. Wir finden in diesem Traum Motive wieder, die schon in unserem Märchen bedeutsam waren. Die Frau, als weibliche Seite des Träumers, ist noch in einem Käfig eingesperrt. Zugleich zeigt sich im weiteren Verlauf des Traumes eine beginnende Differenzierung der Anima und eine Auseinandersetzung mit der eigenen Weiblichkeit und Gefühlsseite, die allerdings in ihrer ganzen Problematik dem Träumer noch zur Bewältigung aufgegeben ist.[10] Unser Märchen könnte ihm zum Wegweiser werden. Joringel, vom Stehbann der Erzzauberin erfaßt, und Jorinde, verzaubert in eine Nachtigall: Beide Bilder stehen für eine unbewußte, ungelöste Mutterbindung. Dabei geht es keinesfalls nur um die Bindung an die konkrete Mutter, sondern darüber hinaus um die Herrschaft des Mutterkomplexes. Erst wenn die Identität der Anima mit der Mutter oder Schwester aufgehoben ist, wird die seelisch-eigenständige Wirklichkeit dieser weiblichen Seite realisierbar. Erst damit wird eine seelische Beziehung des Mannes zur Frau möglich.

Zu dieser Problematik sagt C. G. Jung: »... daß (häufig) die Anima in Form der Mutterimago auf die Frau übertragen wird mit dem Erfolg, daß der Mann, sobald er heiratet, kindisch, sentimental, abhängig und unterwürfig wird, oder im anderen Fall aufbegehrisch, tyrannisch und empfindlich, immer auf das Prestige seiner superioren Männlichkeit bedacht...

Der Schutz gegen das Unbewußte, den ihm die Mutter bedeutete, ist dem modernen (Menschen) nicht ersetzt worden, weshalb er sein Eheideal unbewußt so gestaltet, daß seine Frau womöglich die magische Mutterrolle übernehmen muß. Unter dem Deckmantel der ideal exklusiven Ehe sucht er eigentlich bei der Mutter Schutz und kommt so dem Besitzinstinkt der Frau verführerisch entgegen. Seine Angst vor den dunklen Unberechenbarkeiten des Unbewußten verleiht der Frau eine illegitime Macht und gestaltet die Ehe zu einer so ›innigen Gemeinschaft‹, daß sie aus innerer Gespanntheit beständig zu zerspringen droht.«[11]

Diese Problematik gilt entsprechend auch für die Frau, die sich erst aus der Bindung zu Vater oder Bruder lösen muß, um ihre eigene Seele zu finden, und erst dann zu einer Beziehung zu einem realen Mann fähig wird. Der folgende Traum einer jungen Frau zeigt, wie heute noch die Hexe als Symbol eines festhaltenden und bannenden Komplexes auftaucht. Die Frau träumte: »In einem Häuslein ist eine alte Frau. Plötzlich merke ich, daß sie eine Hexe ist. In Angst mache ich als Beschwörungsritual das Kreuzzeichen, kann aber den Zauber nicht bannen. Ich gehe aus dem Haus, meine Schwester bleibt. Eine andere Schwester geht mit mir, es blitzt und donnert, und ich weiß, daß ich jetzt aus dem Bannkreis bin. Wir machen beide in einer Kapelle kurze Rast. Ich habe Angst um meine Schwester, die zurückgeblieben ist, und überlege, ob wir sie holen sollen.« Auch bei dieser jungen Frau geht es um die Ablösung von der Mutter, von zu Hause, um ihr Selbständig-Werden.

Daß unser Märchen ebensogut als Problem der Frau gesehen werden kann, zeigt eine mündliche Überlieferung von »Jorinde und Joringel« aus der Schwalmgegend in Hessen. In dieser Variante wird Joringel in einen Vogel verwandelt, und das Mädchen träumt später von der Blume, erlöst Joringel und verwandelt die Hexe in einen Raben. Mann und Frau müssen gleichermaßen ihre weibliche wie männliche Seite erlösen.

Betrachten wir diese Szene des Märchens nun von der Psychologie der Frau aus, von Jorindes fehlender Ganzheit her, so wird deutlich, wie stark das Ich vom Bann des Negativ-Mütterlichen bestimmt ist, streng überwacht und kontrolliert hinter dicken Schloßmauern. Zugleich ist ihre männliche Seite, der Animus, das heißt ihre Initiative, ihr Mut zu schöpferischen Ideen, ihre geistige Klarheit, regungslos versteinert: Joringel konnte nicht weinen, nicht reden, nicht Hand noch Fuß regen.

Jorinde klagt und weint, sie verliert die Übersicht, sie versäumt die Zeit der Rettung und läßt sich einfangen in einen Käfig, der jede Entfaltung ausschließt. Es ist der unbewußt selbstgewählte Weg vieler Frauen, die den Schritt nicht wagen, eigenständig dem Partner gegenüberzutreten. Sie ziehen es vor, ihren jungfräulich-liebreizenden Charme im Käfig bewundern zu lassen, und meinen, ihr Traumschloß um jeden Preis erhalten zu müssen, manchmal für ein Leben lang.

Nur die gelebte weibliche Seite und der ständige Dialog mit dem Männlichen können vor dem Zugriff der erstarrten hexenhaften Weiblichkeit bewahren.

Häufig begehren heute Frauen gegen die äußere Unterdrückung durch den Mann oder durch das Patriarchat auf. Sie übersehen dabei gelegentlich das gemeinsame unbewußte Arrangement im patriarchalen System, in dem sich Frauen wie Männer gleichermaßen befinden. Als Mann meine ich zu sehen, daß Frauen sich innerlich auch selbst unterdrücken, aber Angst haben, diese Unterdrückung zu sehen, da sie unbewußt fürchten, ihre eigene Unabhängigkeit und Selbständigkeit leben zu müssen. Und leiden nicht auch die Männer – heute noch meist unbewußt – unter den »Männlichkeitsvorstellungen«, immer »fit und up« sein zu müssen und die weicheren, weniger leistungsbetonten Seiten nicht leben zu dürfen, ohne gleich als »Softie« zu gelten? Dieses Leiden zeigt sich in vielfältigen psychosomatischen Erkrankungen. Ein Mann kann gegenüber einer Frau jeweils nur so viel Macht haben, wie diese ihm läßt. Eine Frau emanzipiert sich nicht allein dadurch, daß der Mann endlich seine Pascha-Allüren erkennt und aufgibt, es ist auch ein mutiger Schritt seitens der Frau vonnöten, sich vom Sicherheitsdenken zu lösen. Sie muß sorgfältig prüfen, ob sie nicht in ihrem Protest gegen den Mann und in ihrer berechtigten Empörung um geschehenes Unrecht ihre eigene Reifung versäumt. Solange ihre eigene männliche Seite abgetrennt und erstarrt ist und sie selbst als zauberhaftes Wesen gebannt ist im Negativ-Mütterlichen, so lange wird sie alles Ungelebte auf den Partner übertragen: Er sei der, der sie am Leben hindere, er müsse dieses oder jenes tun oder lassen, damit die Probleme enden. Um es noch mit anderen Worten zu sagen: Die Geschichte (auch die Geschichte der Emanzipation) steht in Wirklichkeit nicht in dicken Büchern, sondern steckt in unserem Blute.

Wir sehen, wie dieser Abschnitt des Märchens für die Paarsituation aufschlußreiche Hinweise bietet. Die Inzestsituation des geschwisterlichen Paares muß im Interesse höherer Bewußtwerdung gesprengt und geläutert werden. Unsere moderne »Jorinde« sagte, nachdem ihr Freund abgereist war, jetzt sei ihr klargeworden, daß die zu große Nähe ausschlaggebend für ihre Trennung gewesen sei. Sie habe gemerkt, daß sie Abstand brauche.

Dies ist eine äußerst wichtige Erfahrung bei Partnerschaften. Jede Partnerschaft hat gerade zu Beginn – im Stadium des Verliebtseins – die Tendenz zu einer engen, manches Mal symbiotischen Bindung. Beide Beteiligten geben häufig bisher wichtige Lebensinhalte auf; bei der Frau ist es meist der Beruf, beim Mann sind es Kontakte zu Freunden. Eigene Standpunkte werden verlassen, man möchte ja keine Differenzen auslösen. Und der Partner wird vor lauter Projektionen gar nicht als Gegenüber in seinem Eigensein erkannt. Doch bald wird's zu eng. Entweder merkt ein Partner, daß er und seine Beziehung stillestehen und sich nichts mehr entwickelt; die Partnerschaft wird als Fessel erlebt, und es werden Ausbruchsversuche unternommen. Der andere ist in dieser Situation meist – wie in einem Schreckenszustand – gebannt und starr, gleichsam unfähig zu jeder Reaktion, welche die Beziehung wieder neu in Gang bringen könnte. Oder aber, wie schon dargestellt, wird auf den Partner, positiv wie negativ, alles projiziert: Für alle Erwartungen und Enttäuschungen ist der Partner zuständig. Häufig lassen sich Paare dabei gegenseitig büßen, was ihnen die Eltern angetan haben. Sie suchen oder bekämpfen im andern Vater oder Mutter. Jung sagt dazu, daß der Partner häufig durch Projektion unbewußt familiarisiert wird, das heißt, »er erhält jene infantilen und archaischen Phantasiebilder, die erstmals in den Mitgliedern der eigenen Familie investiert waren und die den Patienten durch Faszination positiver oder negativer Art an Eltern oder Geschwister verhaften... Es kann doch kein Ideal sein, daß die Menschen dauernd infantil bleiben, über sich selbst in Verblendung leben, alles ihnen Unerwünschte dem Nachbarn andichten und diesen mit ihren Vorurteilen und Projektionen plagen. Wie viele Ehen gibt es, die jahrelang und manchmal auf immer unglücklich sind, weil er in seiner Frau die Mutter und sie in ihrem Mann den Vater sieht, ohne jemals die Wirklichkeit des anderen Menschen zu erkennen.«[12]

Im Stadium des Verliebtseins nehmen wir den anderen nicht mehr wahr, wie er ist. Wir schmücken und behängen ihn mit unseren Erwartungen und Projektionen, wie wir einen Weihnachtsbaum herrichten. Doch bald fällt eine Kugel ab, bald geht ein Licht aus. Diese Desillusionisierung des Partners, wenn wir feststellen, daß er so nicht ist, wie wir ihn haben wollen, geht mit einer starken Enttäuschung einher. Es ist in der ursprünglichen Bedeutung des Wortes eine Re-signation, das heißt, die Projektionen, die wir auf ihn geworfen haben, müssen zurückgenommen werden. Häufig gibt diese Enttäuschung den

Anlaß, eine Beziehung zu beenden und sich einen neuen »Christbaum« zu suchen.

Doch kann diese Krise auch eine Chance sein, nämlich den andern in seinem Anderssein, in seinem Sosein, als ungeschmückten Baum lieben und schätzen zu lernen. Doch dies bedarf der Fähigkeit, sich zunächst überhaupt in dieser Rolle zu erkennen und dann die Diskrepanz zwischen den eigenen Projektionen und der Realität aushalten beziehungsweise diese Spannung sogar als Möglichkeit zur eigenen Ich- und Selbstwerdung begreifen und nutzen zu können. Diffuse Sehnsuchtsträume müssen als solche erkannt und aufgegeben, zumindest aber reduziert werden, soll nicht das Glück des Zusammenlebens permanent überanstrengt werden. Krank macht oft nur unsere Phantasie und nicht die meist akzeptable Realität des Partners.

Nichts wird gewöhnlich in einer Partnerschaft mehr gefürchtet als Trennung und Auseinandersetzung. Wird diese jedoch innerhalb einer Beziehung ständig vermieden, so erscheint die äußere Trennung in einer Krise oft als letzte Möglichkeit für die Lösung eines Konflikts. Um den Partner in seiner Eigenheit wahrnehmen und lieben zu können, ist daher die Trennung von eigenen Bildern und Projektionen ein notwendiger Vorgang. Nur wenn es gelingt, in der Auseinandersetzung mit dem Partner den eigenen Prozeß der Ganzwerdung zu gehen, finden wir zu einer geglückten Beziehung. Es wird allerdings nie ganz ohne Projektionen gehen. Denn »sich verlieben« ist immer mit Projektionen verbunden. Am Anfang einer Beziehung sind sich die Verliebten einig, sie haben die gleichen Ansichten, Meinungen und Vorstellungen. Wenn aber zwei immer dieselbe Meinung haben, wird einer überflüssig, anders gesagt, die Beziehung wird langweilig, weil die Spannung und die Lebendigkeit fehlen. Deshalb müssen die Projektionen immer wieder aufs neue zurückgenommen werden. Der Prozeß der Enttäuschung muß durchgehalten werden, um reife Liebe entstehen zu lassen. Häufig scheitern Ehen gerade daran, daß die Spannung zu gering ist und tatsächlich einer der beiden überflüssig wird. Eine reife Partnerschaft ist dann gegeben, wenn jeder der beiden sagen kann: Ich kann ohne dich leben, doch es ist schöner, wenn du da bist. Ständige Auseinandersetzungen halten eine Lebensgemeinschaft in Bewegung und verhindern Stagnation und Symbiose, in die sonst – wie im Märchen – erst eine Verhexung oder ein Bann wieder Bewegung bringt.

Absurderweise löst oft erst der drohende Verlust des einst so geliebten Menschen einen Sinneswandel aus. Auf den Knien fleht Joringel die Hexe an, sie möge ihm seine Jorinde wiedergeben. Aber die Hexe denkt nicht daran, im Gegenteil, er soll seine Jorinde nie mehr wiederhaben. Die Hexe verschwindet, und damit erscheint die Lage ein für allemal aussichtslos. Joringel ruft, weint, jammert: »Uu, was soll mir geschehen?« Doch alles ist umsonst.

Solange man sich des Partners sicher zu sein glaubt, erliegt man leicht dem Trugschluß, es werde schon irgendwie gutgehen. Spätestens der drohende Verlust oder sogar die aussichtslose Lage wecken Kräfte und Impulse für die längst fällige Korrektur.

Haben sich zwei Menschen einander versprochen, ob mit Trauschein oder ohne, so schleicht sich schnell ein Besitz- und Sicherheitsdenken ein, genährt aus den unentwickelten Seiten der Betroffenen. Zuwendung, Zärtlichkeit, Liebe, all das wird nach und nach durchdrungen von Pflicht und Selbstverständlichkeit. Die geheimnisvolle Spannung der Gefühle zwischen Liebenden wird empfindlich gestört und strapaziert. Man wirbt nicht mehr um den anderen. Sehnsüchte und Phantasien suchen dann Erfüllung in neuen Objekten.

Eine Chance, die Spannung der Gefühle lebendig zu erhalten, liegt darin, sich ständig aufs neue bewußt zu sein, daß jeder der Partner jederzeit das Recht und die Möglichkeit hat, den andern zu verlassen. Gerade in einer symbiotischen Beziehung traut einer dem andern diesen Schritt erst gar nicht zu; der Geringschätzung des Partners wird somit Tür und Tor geöffnet; der Blick für den Wert des Menschen an seiner Seite ist getrübt. Hier läßt sich das Bild der zwei aneinanderhaftenden Apfelhälften noch erweitern. Ein angeschnittener Apfel oxydiert sehr rasch an der Schnittfläche, er fault, wird minderwertig und ungenießbar. An welcher Seite es auch begonnen haben mag, die Fäulnis durchdringt beide. Wie sich zwei ganze, von gesunder Schale umgebene Äpfel an beliebigen Stellen treffen und berühren können und dabei in sich abgeschlossen, frei und unabhängig voneinander sind und bleiben, so liegt – bildhaft übertragen – die Chance der Partnerschaft in der gegenseitigen Wertschätzung, die erhalten bleibt, wenn Nähe und Distanz stets neu aus freiem Entschluß erwachsen. Irreführend erscheint hierbei die Formulierung des bereits erwähnten Bibelwortes: »... die zwei werden ein Fleisch sein. Sie sind also nicht mehr zwei, sonderns eins.« Man könnte meinen, die enge, symbiotische Bindung sei geradezu erwünscht. Zum Scheitern verurteilte symbiotische Ehen sind aber sicher nicht Sinn der christlichen Botschaft.

Nun sind Jorinde und Joringel also getrennt. Aus ihrer Sicht ist es völlig ungewiß, wie es weitergehen soll. Paradoxerweise bringt erst eine Verhexung oder ein Bann wieder Bewegung in ihre notvolle Situation. Damit stoßen wir auf einen neuen Aspekt der Erzzauberin, einen notwendenden positiven Aspekt des Hexenhaften. Die Hexe ist nichts anderes als die positive, wenn auch sehr leidvolle Macht der Notwendigkeit. Wer ändert schon freiwillig seinen gewohnten Lebensweg? Da Märchen auch als Biographien des inneren Reifungsprozesses aufgefaßt werden können, finden wir häufig an entscheidenden Stufen der Selbstwerdung Hexen, böse Geister oder Stiefmütter, die zunächst eine Verwicklung und spätere Entwicklung auslösen. Darum haben Hexen als Abholwesen von einer Stufe zur anderen im Märchen ihren berechtigten Platz.

Reifung und Selbstwerdung beginnen nicht erst mit der Partnerschaft. Im Selbstwerdungsvorgang – wir sprechen in der analytischen Psychologie vom Individuationsprozeß – differenziert sich das Allgemeine zum Besonderen. Die Persönlichkeit tritt schrittweise aus dem Kollektiv hervor und bildet sich zur Individualität. Dieser Prozeß ist mit den psychophysischen Stufen des Lebens verbunden, den kleinen und großen Abschieden, die jeder Mensch während des Lebens durchläuft. Die erste Trennung und Austreibung erfolgt schon mit der Geburt des Menschen. Eine weitere Schwellensituation ist die Pubertät, in der das Ne-utrum, das Kind, sich geschlechtsspezifisch zum Mann beziehungsweise zur Frau entwickelt. Diese Schritte der Trennung und Differenzierung setzen sich in den weiteren Stufen des Lebens fort,bis hin zur letzten Trennung, der »Austreibung« durch den Tod.

Diese notwendig »abschiedliche Existenz« des Menschen (V. Kast) spiegelt sich in den Mythen und Märchen der Völker und in den Riten der sogenannten Primitiven wider. Die Austreibung und Trennung ist mythologisch wohl für uns alle am bekanntesten in der sogenannten Sündenfallgeschichte der Bibel aufgezeigt (1. Mose 3, 1–7). Erst mit dem Verlust des Paradieses beginnt die Menschheitsgeschichte, und die Vertreibung bringt den Menschen »aus dem Sitz, der ihm gerichtet war, auf seinen Weg« (M. Buber). Dies ist die Geburt des menschlichen Bewußtseins. Die Welterterntrennung und der damit verbundene Heldenkampf stellt in anderen Mythologien die Voraussetzung für das Selbständigwerden des Individuums dar.

In den Märchen werden auch diese inneren Umbruchsituationen und Reifungsprozesse als archetypische Gleichnisse aufgezeigt. Das Motiv des Abgeholt-Werdens finden wir in vielen Erzählungen. Das Holen des Kindes – eine in der Geburtshilfe gebräuchliche Bezeichnung für Hebammendienste – ist der Auftakt im Reigen der Abholungen von einer

Reifestufe zur andern. Schon das Durchtrennen der Nabelschnur erleidet das Neugeborene von fremder Hand. So finden wir im Märchen oftmals Stiefmütter und Hexen als Personifikationen der ablösenden und fortreißenden Kräfte des Werdens; sie stehen an den Wendepunkten der Entwicklung. Ihre Aufgabe ist es, Haltefäden schmerzhaft zu durchtrennen. Sie sind Vorboten für die Norne, der Schicksalsgöttin, die dann letztlich den Lebensfaden durchschneidet.

In den Reifungsriten sogenannter Primitiver werden beispielsweise die Knaben, die zur Weihe einberufen sind, von einer maskierten Gestalt, dem Ahnen- oder Stammesgeist, überfallen, ihren Müttern gewaltsam entrissen und zu einem isolierten Zeremonien- und Einweihungsplatz gebracht.

Vielfältige Initiationsformen, die in unserer Gesellschaft nur noch rudimentär vorhanden sind, haben den Sinn, Übergänge an solchen Schwellensituationen zu ermöglichen und zu erleichtern. Ich erinnere an Gebräuche und Riten, die mit der Geburt, Einschulung, Pubertät, mit dem Übergang in das Erwachsenenalter, in das Berufsleben, in die Partnerschaft und in das Rentenalter verbunden sind. Schließlich stellt auch das Begräbniszeremoniell als augenfällig vollzogener Abschied den Ritus eines Trauerprozesses dar.

Daß Geburten und Trennungen mit Schmerzen, Verletzungen, Angst und Schuld verbunden sein können, ist schon angeklungen. (Das Wort »Angst« hängt bekanntlich etymologisch mit »eng« zusammen, was möglicherweise auf die Ursituation der Geburt verweist.) Solche physischen wie psychischen Übergänge können oft von leichteren bis schweren Krisen und Krankheiten begleitet sein. Und dennoch ist, wie Erich Fromm zu Recht sagt, die Voraussetzung für die Weiterentwicklung des Menschen, für die ganze Geburt, daß er die primären Bindungen, die Nabelschnur, die ihn an seine Mutter, wie auch die, die ihn an Familie und Boden bindet, immer wieder durchschneiden muß. Eine inzestuöse Fixierung zeigt sich ihrer Natur nach als Bindung an die Vergangenheit und als Hindernis für die volle Entwicklung. Die jeweilige Trennung erst wird zum Motor für Entwicklung.[13] Ein notwendiger Trauerprozeß ist für jede gelungene Trennung unabdingbare Voraussetzung.

Viele dieser Erfahrungen erreichen den Menschen als »böse« Schicksalsschläge. Die Wahrheit, daß das vermeintlich Böse für die Entwicklung des einzelnen notwendig und richtig ist, finden wir auch in anderen Märchen ausgedrückt. Denken wir zum Beispiel an »Dornröschen«. Die nickende Alte im Turm scheint zu wissen, wie notwendig es ist, daß sich Dornröschen sticht. Da hilft keine noch so aufwendige Vorsichtsmaßnahme des fürsorgenden Vaters. Dornröschen muß die Erfahrung der Sexualität und die Initiation zur Frau erleiden, um beziehungsfähig zu werden. Das Bild von Jorinde im Korb läßt sich vergleichen mit dem von Dornen umwachsenen Schloß im »Dornröschen« oder mit Schneewittchen im Glassarg. Man kann fast annehmen, daß die Erzzauberin in der Gestalt der Nachteule, die dreimal umherflog und schrie, ebenfalls um diese schicksalhafte Notwendigkeit wußte.

Eine Analysandin, für die das Aufgeben von symbiotischen Wünschen und das Wagnis des eigenen Weges äußerst wichtig waren, träumte: »Ich bin unterwegs mit meinem Partner. Dabei kommen wir in einen Park. Mir fällt auf, daß ich weit weg bin von meiner Wohnung, und schlage deshalb einen Weg ein, der zurückführt. Mein Partner deutet dabei auf die zwei parallel verlaufenden Wege vor uns, zwischen denen ein schmaler Grasstreifen mit hüfthohem Buschwerk liegt. Ich denke darüber nach, daß wir nie zusammenkommen, uns aber auch nie durch das dazwischenliegende Gebüsch aus dem Blick verlieren.« In diesem Traum ist die Spannung zwischen Nähe und Distanz besonders treffend gezeichnet.

Eine andere Frau, die bereits ein Jahr getrennt von ihrem Mann lebte, träumte ebenfalls vom Geheimnis der Beziehung, die sich zwischen Distanz und Begegnung ereignet. Nach einem langen, schweren und gefahrvollen Abstieg, ja Sturz von einem Gletscher gelangte die Träumerin in ein »Tal der Trauben«. Am Ende des Weinberges kam sie »auf einen großen, freien Platz, kreisförmig. Am Ende dieses Platzes war ein Mann, es war mein Mann. Ich fühlte mich aus dem Paradies gerissen, ich wollte ihn nicht sehen, er störte mich. Doch er kam auf mich zu, freundlich kam er mir entgegen, blieb dann vor mir stehen. Da begann er sich zu bewegen, er tanzte nach eigenem Gefühl und Befinden. Es war ein anmutiger Tanz, weich, voller Phantasie, und auch ich fing an zu tanzen. Ich ließ mich gleiten, die Bewegungen kamen nicht aus meinem Kopf, sie kamen aus einer archaischen Tiefe. Ohne Zutun fanden wir beide zusammen, wir tanzten nun gemeinsam, wir achteten nicht auf die Schritte, wir ließen uns fallen, mir war, als tanzten wir einen Tanz, Millionen Jahre alt, wie ein Ritual. Dann lösten wir uns wieder von einander, doch obwohl eine große Distanz zwischen uns war, hatten wir uns doch immer an der Hand, und es störte unsere Bewegungen nicht. So tanzten wir weiter, mal sah der eine dem anderen zu, liebevoll des anderen Bewegungen betrachtend; es war keine Regelung darin, und trotzdem war alles wie von geheimer Hand geführt. Es war ein Rausch der Momente, jeder Augenblick neu«.

Kehren wir wieder zum Märchen zurück und betrachten den geheimnisvollen Spruch, mit dem die Erzzauberin Joringel wieder aus seiner Starre lösen will:

»Grüß dich, Zachiel,
wenns Möndel ins Körbel scheint,
bind los, Zachiel, zu guter Stund.«

Diese Zauberformel klingt alt und volksnah, fast mundartlich. Die geheimnisvolle Macht scheint gerade in ihrer Unverständlichkeit zu liegen. Es ist eine Lösungsformel, die den Bann über Joringel aufhebt und zugleich einen versteckten Hinweis enthält auf eine endgültige Lösung der ganzen Verhexung. Es hat den Anschein, als sei in diesem Spruch auch die Aufgabe enthalten, die Joringel nun im weiteren Verlauf zu bestehen hat. Offensichtlich bannt die Hexe nicht nur, sondern sie bietet auf eine rätselhafte und hintergründige Weise zusätzlich den möglichen Schlüssel zur Lösung des Problems.

Die Lösung allerdings scheint etwas Zeit zu benötigen: erst »zu guter Stund«, wenn eine ganz bestimmte Bedingung erfüllt sein wird, »wenns Möndel ins Körbel scheint«. Zwei Symbole tauchen dabei auf: der Korb und der Mond. Zu Beginn des Märchens erfuhren wir, wie die Zauberin ihre verwandelten Jungfrauen in siebentausend Körben aufbewahrt. Noch heute hat der Korb als Sinnbild eine wesentliche Bedeutung bei den Hochzeitsriten sogenannter primitiver Volksstämme. Und wer kennt nicht den unangenehmen Moment beim Auffordern zum Tanz, wenn man »einen Korb erteilt oder erhält«? Früher wurden als Hochzeitswerbung Geschenke im Korb überbracht. Bekam demnach jemand den Korb zurück, so bedeutete dies, abgewiesen zu werden. In Tirol überbrachte zum Beispiel die Braut oder die Körbeljungfrau in einem Korb dem Bräutigam die Hochzeitshemden. Im Französischen bedeutet »corbeille de marriage« im übertragenen Sinn die Gesamtheit der Brautgeschenke.[14]

»Zu guter Stund«, das heißt, es kommt auf die geeignete Zeit, auf das richtige »timing« an. Für Jorinde und Joringel war die Zeit noch nicht reif, sie mußten getrennt werden, bis bestimmte Voraussetzungen für eine bleibende Beziehung gegeben sind. Darin drückt sich eine tiefe Wahrheit aus. Damit eine Beziehung oder auch eine innere Verbindung mit wesentlich psychischen Inhalten gelingen kann, bedarf es des richtigen Zeitpunktes, einer ganz bestimmten günstigen Stunde. In unserem Märchen ist die Zeit reif, »wenns Möndel ins Körbel scheint«. Es ist hier wohl der Vollmond gemeint, der genügend Licht wirft durch finstere Nächte.

Mond und Korb sind beides weibliche Symbole. Vielleicht meint der geheimnisvolle Spruch »wenns Möndel ins Körbel scheint« auch »wenn du die Weiblichkeit in dir selber findest«. Der Mond, der in fast allen indogermanischen Sprachen grammatisch dem weiblichen Geschlecht zugehört, wurde seit alters her als Gegensatz und Ergänzung zur männlich vorgestellten Sonne gesehen. Im Aberglauben bringt der Vollmond oder der zunehmende Mond Glück für die Ehe, und er spielt, wie wir noch sehen werden, als wichtige Stunde etwa beim Pflücken der Zauberblume eine große Rolle.

Es muß wohl zuerst Abend werden, das heißt, das männlich-unterscheidende Bewußtsein muß gemildert werden oder absterben, damit sich ein neues Bewußtsein vorwagen kann, das mehr verbindet als trennt und unterscheidet.

Die Zauberin wendet sich mit der Grußformel »Grüß dich, Zachiel« direkt an Joringel oder vielleicht an eine psychische Seite in ihm. Sie kennt vermutlich nicht seinen wirklichen Namen. Der Einfachheit halber wird sie, so könnte man annehmen, alle Jünglinge in gleicher Weise angesprochen haben. Tophiel, Zachariel oder Zadkiel, so wird in einer magischen Schrift ein teuflischer Dämon genannt.[15] In der Oper »Der Freischütz« von Carl Maria von Weber, der eine Volkssage aus der Zeit der Romantik zugrunde liegt, wird der Satan als Samiel bezeichnet. Kasper, der Held des Stückes, muß sich zunächst mit seiner Dunkelseite, seinem Schatten auseinandersetzen, um seine Braut Agathe zu bekommen.

Möglicherweise spricht in unserem Märchen die Hexe ebenfalls einen dunklen Aspekt, eine Schattenseite des Joringel an. Psychologisch besagt dies, daß die Auseinandersetzung mit der Schattenproblematik, mit der eigenen Dunkelseite, dem dunklen Bruder in uns selbst, eine unentbehrliche Voraussetzung für das Gelingen jeder Partnerschaft ist, ebenso auch für die persönliche Entwicklung jedes einzelnen. In die kindlich naive und unschuldige Beziehung zwischen Jorinde und Joringel zu Beginn des Märchens fällt ein Wermutstropfen, doch damit erhält ihre Liebe auch die Chance, eine Läuterung zu erfahren.

Warum kann es nicht so schön bleiben, wie es gerade war? In die Liebesbeziehung der beiden tritt als drittes Element die Zauberin ein und stört das Gleichgewicht. Dadurch werden die Waagschalen bewegt. Nun gerät die vorher statisch-harmonische Beziehung in Bewegung.

Häufig besteht am Beginn einer Veränderung nur ein vages Ahnen. Wie oft kommen einzelne und Paare in die Sprechstunde und können noch gar nicht benennen, was bei ihnen oder in ihrer Beziehung nicht in Ordnung ist und was sie verändern möchten. Und häufig sind es Frauen, die ihren Partner motivieren mitzukommen. Oft möchte der Mann den Status quo aufrechterhalten: »Wir haben doch alles: ein Haus, Arbeit, Kinder – uns geht es gut.« Wenn die Frau dann nicht locker läßt, werden bald die latenten Unstimmigkeiten deutlich, und die Veränderung des sogenannten Gleichgewichtes beginnt.

Diese Erfahrung spiegelt sich auch wider in der Mythologie des biblischen Sündenfalls (1. Mose 3,

1–7), in der die Schlange als ursprüngliches Gegenprinzip Gottes über das sogenannte »schwache Geschlecht« ihr Glück versucht. Es ist Eva, welche die Stimme der Schlange vernimmt. Dies entspricht der Erfahrung, daß Frauen oft bereiter und offener für eine Veränderung der Situation sind. Psychologisch heißt dies, daß das Weibliche – auch im Mann – eben in enger Verbindung mit den Naturkräften, mit Instinkt, Trieb und Drang steht.[16]

Das Leben ist ein Prozeß. Stillstand – sei er auch noch so schön – bedeutet Tod. So spricht Faust zu Mephisto:

»Werd ich zum Augenblicke sagen:
Verweile doch! du bist so schön!
Dann magst du mich in Fesseln schlagen,
Dann will ich gern zugrunde gehn!
Dann mag die Totenglocke schallen,
Dann bist du deines Dienstes frei,
Die Uhr mag stehn, der Zeiger fallen,
Es sei die Zeit für mich vorbei!«[17]

Diese Wahrheit, daß das Leben nicht stillestehen kann und darf, daß Konflikte zum Leben gehören, lehrt uns hier das Märchen. Aniela Jaffé faßte diese Wahrheit in folgende Worte: »Solange Entwicklung weiterschreitet, ist innerer Friede auch für den, dessen Leben durch die Erfahrung des Unbewußten bereichert ist, immer nur Atemholen zwischen den gelösten und zukünftigen Konflikten, zwischen Antworten und Fragen, die den Menschen in Unruhe und Leiden versetzen, bis neue Einsichten oder eigene Wandlung zur Lösung führen und die inneren und äußeren Gegensätze sich wiederum miteinander versöhnen.«[18]

Dieser Anstoß zur Entwicklung ist immer auch mit Schuld und Schuldigwerden verbunden. Wie oft belassen wir es deshalb lieber beim Altgewohnten, um diese Schuld zu vermeiden, die Unruhe und Streit in die Familie oder in die Beziehung bringen kann. Häufig erkranken wir statt dessen an unspezifischen psychosomatischen Beschwerden, die oft wieder symptomatisch mit Medikamenten behandelt werden. Es wird nicht gewagt, der Ursache auf den Grund zu gehen. »Der Mensch im Paradies«, sagt Martin Buber, »will unschuldig bleiben und keine Entscheidung treffen und wird im gleichen Moment eben doch schuldig aus Entscheidungslosigkeit, da er die eigene Entwicklung versäumt; er versagt sich die Selbstwerdung.«[19]

Viele psychische Erkrankungen, zum Beispiel Depressionen, können in dieser Sichtweise als unbewußte Traurigkeit, als Schuldgefühl gegenüber der eigenen nicht geleisteten Entwicklung gesehen werden. Man möchte nicht schuldig werden gegenüber dem Partner, der sich in Sicherheit und Ruhe wiegt, oder gegenüber den Eltern, von denen man sich lösen müßte, oder allgemein durch die Auseinandersetzung mit der Tradition und den kollektiv tradierten Normen und versäumt gerade dadurch »nicht nur sein Glück, sondern seine entscheidende Schuld, ohne welche ein Mensch seine Ganzheit nicht erreichen wird«.[20]

Bei diesem Bewußtwerdungsvorgang ist das Erkennen des eigenen Schattens, des eigenen dunklen

Bruders beziehungsweise der eigenen dunklen Schwester in einem selber unabdingbare Voraussetzung für das Erreichen der seelischen Ganzheit. Das sogenannte Böse liegt nach Jung in einer Nichtintegration, einer Verdrängung, die einer Verfehlung der Selbstwerdung gleichkommt. Danach kommt nicht nur dem persönlich Verdrängten, Minderwertigen, sondern auch dem Unmoralischen, dem Kranken, ja dem Sinnlosen die Bedeutung zu, in einem bestimmten Moment des Lebens die Bedingung für eine Erneuerung darzustellen.

Die Auseinandersetzung mit dem dunklen Part der Seele macht angst. Joringel weint und jammert. Die Hexe gibt ihm seine Jorinde freiwillig nicht zurück. Jetzt muß er sich auf den Weg machen, den Weg der Selbsterkenntnis.

Suche nach (Er-)Lösung

Vom ersten Umgang mit dem Problem

Joringel ging fort und kam endlich in ein fremdes Dorf: da hütete er die Schafe lange Zeit. Oft ging er rund ums Schloß herum, aber nicht zu nahe dabei.

Mit der Verhexung von Jorinde und der Trennung der beiden erreicht das Märchen in seiner Dramatik und Verwicklung den Höhepunkt. Ein Ausweg aus dieser mißlichen Lage ist nicht in Sicht. Gibt es überhaupt eine Lösung? Joringel ist zunächst völlig rat- und tatenlos. Er kann natürlich nicht endlos vor dem Schloß sitzen bleiben und warten. Es treibt ihn fort, wohl ohne recht zu wissen, wohin. Er geht in die Fremde; der Weg ist nicht leicht. Es ist zunächst kein Heldenweg im üblichen Sinne, wie wir ihn sonst in Märchen vorfinden. Joringel wird lange Zeit Schafe hüten. Wohl jeder kennt die Erfahrung, daß nach einer Trennung starke Gefühle der Einsamkeit und Befremdung vorherrschen. Vertrautes geht verloren, bisherige Kontakte brechen ab, selbst bis dahin gemeinsame Freunde ziehen sich zurück. Joringel fügt sich in diese Trennung, ja, er akzeptiert sie. Er nimmt die Fremdheit und Depression auf sich und widmet sich seiner Arbeit in aller Stille. Zeigt sich hier bereits eine veränderte männliche Einstellung, die um die notwendige Annahme der Traurigkeit und Angst weiß und sich nicht rüstet und diese Seiten abwehrt? Das Schafehüten unterstützt die Erfahrung der Einsamkeit, des Auf-sich-gestellt-Seins. Schäfer waren immer schon Außenseiter der Dorfgemeinschaft. Joringel ist sich nicht zu gut, eine solch niedere Tätigkeit zu verrichten, die allerdings – wie der Fortgang des Märchens zeigt – zum Wesentlichen führen kann. Auch Moses hütete in seiner Irritation und Ratlosigkeit Schafe, bis ihm das Erlebnis mit dem brennenden Dornbusch zuteil wurde. Der Hirte kann während des Verweilens in der Einsamkeit Berührung mit »überirdischen« Wesen erfahren, mit Gestalten, die sich in seinem Innern zu Wort melden. Er lernt zusätzlich, im Einklang mit der Natur zu leben, auf sie zu achten, ihre Signale zu verstehen. Er ist von instinktivem Verhalten umgeben. Die Schafe, Symbol der Wachstumskraft, müssen gehütet, das heißt zusammengehalten und genährt werden. Dies entspricht der Introversion: Joringel muß ganz nach innen gehen, sich vollkommen auf das Wesentliche konzentrieren, damit etwas Neues entstehen kann. Meist empfinden wir diesen Zustand als lästig und unangenehm. Wir sind gewohnt, nach außen zu gehen, zu handeln und zu entscheiden. Viele stürzen sich daher nach einer Trennung allzu schnell in eine neue Beziehung. Sie halten die Leere und Verunsicherung nicht aus. Depression und Resignation werden mit allen Mitteln verleugnet. Eine innere Wandlung wird sich so nicht ereignen.

Dabei kann gerade die Depression eine Chance bedeuten. Im Zustand der Depression (deprimere –

niederdrücken) fühlen wir uns niedergeschlagen, wir werden niedergedrückt zum Wesentlichen, zum Kern unseres Selbst. Daraus kann eine Lösung erwachsen. Im Innern liegt der Schlüssel für die Lösung eines solchen Problems. Oftmals wollen wir mit aller Kraft die Türe nach außen aufstoßen, bis wir merken, daß sie sich leicht nach innen öffnen läßt. Joringel weicht seiner Problematik nicht aus, er beschäftigt sich mit ihr, widmet ihr seine volle Aufmerksamkeit. »Oft ging er rund um das Schloß herum, aber nicht zu nahe dabei«, das heißt, es ist ihm bewußt geworden, mit welch gefährlichem Komplexbereich er es zu tun hat. Doch er versteht noch nicht, das Problem zu lösen. Noch erreicht Joringel nicht sein Innerstes: Das Schloß mit seinem Bannkreis birgt unbekannte Gefahren in sich. Erst wenn er seine dunkle Seite, seinen Schatten, wirklich zu verstehen beginnt und ihn in Aktivität umsetzen kann, ist es ihm möglich, diesen Teufelskreis zu verlassen, um ihn später – in entgegengesetzter Richtung – nochmals zu durchbrechen.

In der Psychotherapie erfahren wir diese paradoxe Tatsache immer wieder aufs neue, daß sich gerade dann eine Änderung einstellt, wenn die Depression nicht abgewehrt wird. Plötzlich, oft nach langer Zeit, erscheint ein Symbol, häufig wie in unserem Märchen in einem Traum, das Kraft und Energie wieder zurückbringt. Zur Lösung von Problemen gilt für C. G. Jung nicht das bekannte Sprichwort »Wo ein Wille ist, ist auch ein Weg«, sondern »Wo ein Weg ist, ist ein Wille«. Dies macht deutlich, daß der Appell an den Willen in Form von »Reiß dich zusammen« in solchen Situationen wenig hilfreich ist. Erst wenn sich ein Weg zeigt, hat es Sinn, sich dafür einzusetzen, erst die Aussicht auf eine Lösung bringt auch die nötige Energie und den Einsatz zur Lösung. Und es gibt diesen Weg.

Aufschlußreich ist hier der Blick auf die Symbolik des Schafes in der Religionsgeschichte, denn sie ist mit der Auferstehungssymbolik eng verbunden. Am Anfang des Tierkreises erscheint im Frühling der Widder. Er ist Symbol für frische Triebkraft, für neu entstehendes Leben. Nicht nur in Pflanzen brechen neue Triebe auf, sondern auch wir Menschen fühlen uns nach dem Winter wieder voll neuer Tatkraft. Lammopfer waren besonders im Frühjahr üblich, und die jüdische Feier des Passah-Lammes wird am ersten Vollmond des Frühjahrs gefeiert. Auch im christlichen Brauchtum des Osterlammes, der Gleichsetzung von Christus mit einem Lamm, spielt die Auferstehungssymbolik eine Rolle. Das Lamm als Symbol bringt Hoffnung auf eine Wiederkehr der Sonne und des Frühjahrs zum Ausdruck.

Doch bevor eine Lösung und damit Wandlung eintreten kann, muß im Zustand der Depression eine Läuterung geschehen. Im Ertragen von tiefer Verlassenheit, Kälte und Einsamkeit bereitet sich der Entwicklungsschritt vor. Eine Regression, das heißt eine notwendige Anpassung an die inneren Gegebenheiten, um sich dort wieder an wichtige Energiequellen anzuschließen, ist dabei zunächst unabdingbar für eine bevorstehende Wandlung. Sie kann nur mit Vorsicht und Umsicht gewagt werden. Joringel läßt sich Zeit, jedes Wachstum braucht seine Zeit.

Die Zauberblume

Träume als Schlüssel zur Erlösung

Endlich träumte er einmal des Nachts, er fände eine blutrote Blume, in deren Mitte eine schöne große Perle war. Die Blume brach er ab, ging damit zum Schlosse: alles, was er mit der Blume berührte, ward von der Zauberei frei; auch träumte er, er hätte seine Jorinde dadurch wieder bekommen.

Nun endlich geschieht das Unerwartete. Ein Traum verheißt Joringel, wie er mit Hilfe einer auserwählten Blume den fürchterlichen Bannkreis durchbrechen und Jorinde erlösen könne. Wohl fast jeder hat in seinem Leben schon einmal solch einen Traum mit vermeintlich simpler Patentlösung verworfen und für Unfug erklärt, ohne zu ahnen, welch wertvoller Hinweis sich dahinter verbirgt. Was soll eine einzige Blume schon bewirken können? Joringels Traum eröffnet eine weitere Stufe des Unbewußten. Es ist wie beim Weg durch den Brunnen im Märchen von Frau Holle, durch den eine noch tiefere, unbewußte Dimension eröffnet wird. Welche Bedeutung kommt dieser Blume zu, welchen symbolischen Wert drückt sie aus?

Den Menschen in der Romantik war sie Ziel ihres Sehnens; die berühmte blaue Blume war das zentrale

Symbol dieser Epoche. Sie ist Ausdruck der Liebe und des Erosprinzips. Symbolisch kann man sie als Anima der Romantik betrachten mit der Sehnsucht nach höchsten Idealen wie Geist, Religion und Transzendenz. Die Frau wird dabei meist, ähnlich wie in der Zeit des Minnesangs, zum Projektionsträger all dieser Sehnsüchte.

Zum ersten Mal taucht das Symbol der blauen Blume in dem Entwicklungsroman »Heinrich von Ofterdingen« von Novalis auf. Eine wundersame blaue Blume erscheint Heinrich im Traum. In ihrem Kelch ist ein übernatürliches Leben verborgen; denn er gleicht einem »blauen ausgebreiteten Kragen, in welchem ein zartes Gesicht schwebte«. Als der junge Ofterdingen, von Sehnsucht nach der unbestimmten Ferne oder von der Sehnsucht nach der blauen Blume getrieben, auf Wanderschaft zieht und der schönen Mathilde begegnet, erlebt er einen überraschenden Zusammenhang zwischen dem geliebten Mädchen und der Blume, die ihm einst im Traum erschienen war. Voll Begeisterung ruft er sie als »meine innerste Seele«, als »Hüterin meines heiligen Feuers« an.[21] Die Blume sei ein Geheimnis und die unmittelbarste Sprache des Bodens, weil das, was sich vor Liebe und Lust nicht bewegt, nicht zu Wort kommen könne, eine stille, ruhige Pflanze werde, heißt es in »Heinrich von Ofterdingen«. Weiter lesen wir, es gebe so manche Blumen auf dieser Welt, die überirdischen Ursprungs seien, die in diesem Klima nicht gediehen und eigentlich Herolde, rufende Boten eines besseren Daseins wären. Zu diesen Blumen gehören vorzüglich Religion und Liebe.

Hier ist ein wichtiger Aspekt der symbolischen Bedeutung der Blume angesprochen. Die Blumen werden in verschiedenen Märchen mit den Sternen in Verbindung gebracht. Sie werden als vom Himmel gefallene Sterne gesehen. Die Blume ist die Spiegelung des Jenseits im Diesseits. Der indische Lotus birgt in seinem Blütenkelch den Schöpfer Brahman, und im ägyptischen Mythos erhebt sich am Anfang der Schöpfung der Sonnengott aus der Lotusblüte. Dies zeigt die Verbindung und Beziehung von Immanenz und Transzendenz und besagt zugleich, daß im Diesseits auch die jenseitigen Sehnsüchte gefunden werden können. Der Sinn liegt im Menschen selbst. Im Buch »Der kleine Prinz« von Antoine de Saint-Exupéry werden die Blumen vom Himmel der irdischen Verantwortung übergeben. Das heißt doch, daß wir in dem Maße einen Sinn, unseren Sinn finden, wie wir ihn konkret verwirklichen, wie wir unsere Partnerschaft gestalten. Nicht in der Sehnsucht auf ein Paradies, nicht in der Projektion auf das nie Erreichbare, sondern in den konkreten Schritten unserer Selbstwerdung, in der eigenen Veränderung und Entwicklung liegt und finden wir Sinn.

Im Märchen verkörpert die Blume symbolisch das »Selbst« des Helden oder der Heldin. Mit der Blume schenkt man sich selbst. Im Aberglauben wird durch das Erblühen einer Blume die Heiratsfähigkeit angezeigt. Die Blumen gelten als beseelt, und es werden ihnen übernatürliche Kräfte zugeschrieben. Sie haben oft zauberbannende Wirkung. Im Volksglauben, in Sagen und Märchen tauchen Blumen bisweilen als Himmelsschlüssel, also als Zauberblumen auf. Sie können als Wunderblume den Zugang zu unermeßlichen Schätzen im Totenberg erschließen.[22]

Vom Hörselberg bei Eisenach gibt es die Sage von der Frau Venus oder der Frau Holle, die bei einem sinnesfreudigen Gelage im Berg haust. Der Venusberg symbolisiert den Anteil der Psyche, der vom Bewußtsein abgetrennt ist. So ist in der Sage die Venusgöttin gezwungen, seit Jahrhunderten im Berg zu leben: Die naturhafte Liebe ist aus der herrschenden Kultur verbannt, sie ist vom dominierenden, kollektiven Bewußtsein abgespalten.[23] Dieser Lebensinhalt kann offensichtlich nur durch eine »Zauberblume« erschlossen werden. Hierzu fällt mir der Traum eines vierzigjährigen Mannes ein: »Ich befinde mich in einem kleinen Garten mit einem kleinen Teich und schönen Blumen, die ich pflege. Der Garten ist mit einer Mauer umgeben. Ich pflanze vor die Mauer Schlingpflanzen und Hecken, um sie nicht mehr sehen zu müssen. Eines Morgens ist diese Mauer zerstört, jedoch ist eine neue, in größerem Abstand, vorhanden. Ich sehe mich den Schutt wegräumen, zerstörte Pflanzen entfernen und die Mauer neu bepflanzen. Dieser Vorgang wiederholt sich. Da die Mauern in immer größerem Abstand stehen, komme ich immer weniger dazu, mich um den vorhandenen Blumenbestand zu kümmern, bis ich schließlich den ganzen Tag benötige, um nur die Ordnung wiederherzustellen. An diesem Abend sehe ich alle Blumen mit hängenden Blütenblättern. Dann nehme ich eine kleine Schaufel, grabe eine Blume, die bisher noch nie geblüht hat, aus und gehe mit ihr davon, durch die Mauer hindurch.«

Dieser Mann suchte mich auf, da sich seine Partnerschaft in einer Krise befand. In der zwanzigjährigen Ehe habe er noch nie mit seiner Frau geschlafen. Obwohl er ihr gegenüber impotent war, bezeichnete er die Beziehung bis dahin als sehr gut, wenn auch geschwisterlich. Diese Verschleierung seiner ehelichen Beziehung spiegelt sich wider in seinem Traum. Er pflanzte vor der Mauer Schlingpflanzen und Hekken, um sie nicht mehr sehen zu müssen. Vor einiger Zeit erlebte dieser Mann nun zum ersten Mal mit einer anderen Frau seine Sexualität. Zum Traum äußerte er, daß er ein begeisterter Hobbygärtner sei und tatsächlich eine bestimmte blaublühende Blume in seinem Garten bisher noch nie geblüht habe. Er brachte diese Blume mit seiner bislang nicht gelebten Sexualität in Verbindung. Er sei im seitherigen Leben immer eine Mauer der Verläßlichkeit gewesen, und den Fehler seiner Partnerschaft sehe er darin, daß sie beide einen Überschwang an positiven geschwisterlichen Gefühlen für Liebe gehalten hätten. Der Traum zeigt nun, wie wichtig ihm diese Blume geworden ist, wichtiger als der ganze übrige Garten. Mit dieser blühenden Pflanze durchbricht er die Mauern, die bisher den Garten zu einer Idylle umschlossen hielten, und geht hinaus. Was ihn bis dahin an Mauern, Zwängen und moralischen Vorstellungen gehalten hat, wird aufgebrochen, eine Bewegung wird sichtbar.

Wenn nach so vielen Jahren der geschwisterlichen Zweisamkeit die Trennung droht, wird das meist als großes Unglück erlebt. Die gegenseitigen Vorwürfe, die dabei aufbrechen, berühren nur die Oberfläche des Geschehens, vom eigentlichen Hintergrund teilt man einander zu wenig mit. Gerade dieser aber könnte Verständnis wecken und für beide zur Chance werden.

Eine vierzigjährige Frau träumte im Verlaufe eines langen psychotherapeutischen Prozesses ebenfalls von einer blauen Blume: »Ich befinde mich in einer Schule, bei der ich im Verlauf des Traumes in ein dunkles Kellergewölbe steige. Vor mir sah ich ein Gewächs, von dem ich spürte, daß es etwas Besonderes war. Ich war gespannt, mit einem ganz neuen Glücksgefühl, als sich blitzschnell die grünen Blätter öffneten und eine blaue Mitte freigaben, die oben golden glänzte. Es war wie eine blaue schimmernde Kugel. Ich war erschrocken und fasziniert, solch ein Glücksgefühl hatte ich noch nie erlebt. Gern hätte ich die Blume noch näher und länger betrachtet, aber ich wußte nicht, ob es mir zustand.« Mit diesem Traum und seiner therapeutischen Bearbeitung erlebte diese Frau eine entscheidende Wende ihres Lebens. Sie fühlte sich angeschlossen an ein inneres Zentrum.

Nach diesem Ausflug in die Symbolik der blauen Blume kehren wir zu unserem Märchen zurück. Joringel träumte von einer blutroten Blume. Rot gilt als typische Farbe des Zaubers. Auf Hexen mit ihren roten Augen kamen wir schon zu sprechen. Rot sind mitunter die Zauberblumen, sie werden mit der Farbe des Blutes in Verbindung gebracht, und Blut gilt als ein besonderer Saft, als magisch-beseelt. Rot ist die Farbe der Leidenschaft, der Emotion, der Liebe. Rote Rosen werden in unzähligen Liedern besungen, kaum jemand kann sich dem Zauber dieser Blume entziehen. Jorinde singt vom »Vöglein mit dem Ringlein rot«. Auch das symbolisiert einen gefühlshaften, leidenschaftlichen Beziehungsaspekt.

Hat nun Joringel durch die Trennung von seiner Geliebten und durch die erlittene Trauer zu seiner Emotionalität in einer geläuterten und reigen, unsentimentalen Weise gefunden? Dann könnte die rote Blume, nach der er zu suchen hat, das vereinigende Symbol von Sexualität und Eros darstellen.

Joringels Blume unterscheidet sich von allen anderen durch die »schöne große Perle« in ihrer Mitte. Perlen waren schon von jeher eine Kostbarkeit. Sie symbolisieren einen Selbstaspekt als das Zentrum der Psyche. Wie die Perle in einer Muschel verborgen liegt, erinnert sie an »das Möndel, das ins Körbel scheint«. Überraschend ähnlich ist diesem Bild die blaue Blume in Form einer schimmernden Kugel, die im vorher erwähnten Traum der vierzigjährigen Frau auftauchte.

Die rote Blume des Joringel mit der Perle in deren Mitte stellt die Vereinigung der körperlichen, leidenschaftlichen mit der mystischen Liebe dar. Sie konkretisiert, sie verleiblicht die zu Beginn des Märchens eher romantisierende Liebe. Jorinde muß fortan für Joringel nicht mehr die verzauberte Nachtigall sein. Die Transzendenz wird durch einen Traum in die Realität überführt. Und dieser Traum gibt gleich noch eine Regieanweisung mit. Er zeigt, was und wie Joringel es machen muß, um seine Jorinde zu erlösen. Ebenso zeigt der vorher erwähnte Traum des vierzigjährigen Mannes eine klare Aufforderung und Richtung an, die zur Befreiung aus einem zwar paradiesischen, aber doch erheblich eingegrenzten und begrenzten Zustand führt. Lange hatte er versucht, die Mauern durch Bepflanzen nicht sehen zu müssen. Nun kommt es darauf an, nach dem Erwachen tätig zu werden.

Ein Traum wird Wirklichkeit

Umsetzen in die Realität

Des Morgens, als er erwachte, fing er an, durch Berg und Tal zu suchen, ob er eine solche Blume fände: er suchte bis an den neunten Tag, da fand er die blutrote Blume am Morgen früh. In der Mitte war ein großer Tautropfen, so groß wie die schönste Perle.

Joringel hat seinen Traum verstanden und nimmt ihn ernst. Er horcht nach innen, läßt sich vom Unbewußten führen und macht sich auf den Weg. Eine vertrauende Einstellung gegenüber den unbewußten Kräften ist bei ihm herangereift. Diese Fähigkeit und Sichtweise ist heute leider selten. Wir klammern uns allzugern an unser Bewußtsein und lassen uns nur in großer Not oder Ausweglosigkeit vom Unbewußten leiten, nur, wenn wir gar nicht mehr anders können, wenn wir mit unserem Latein am Ende sind, wenn uns Symptome quälen.

Die Bedeutung der Träume oder allgemein des Unbewußten hatte durch alle Zeiten eine wechselnde Geschichte. Zeiten starker Rationalität wechseln mit Zeiten der Irrationalität. Heute befinden wir uns kollektiv zweifelsohne wieder in einem rationalen Zeitalter, doch mehren sich Zeichen von Irrationalität. Wenn aber eine Lebenssicht zu einseitig wird, besteht die Gefahr des Umschlags ins Gegenteil. Nur die Verbindung zwischen beidem, dem Hören auf das Unbewußte und dem Einbeziehen des Bewußten, vermag uns vor schlimmen Einseitigkeiten zu bewahren.

Ein eindrückliches Beispiel dieser Spaltung zwischen rationaler Technokratie, verbunden mit der Überheblichkeit einer gottähnlichen Verfügungsgewalt über die Materie einerseits und den tief im Menschen verwurzelten irrationalen Ängsten andererseits, erleben wir heutzutage. So wird in grotesken politischen Debatten über die friedliche oder kriegerische Verwendung der Kernenergie der Anschein erweckt, als hätten wir heute alles im Griff. Daneben stellen wir jedoch bei großen Teilen der Bevölkerung zunehmend apokalyptische Ängste fest, die sich allerdings oft in uneigentlichen Symptomen vielfältiger Erkrankungen ausdrücken. Vielleicht würde es unseren Politikern guttun, auch einmal auf die Sprache des Unbewußten in unserer Zeit zu achten, auf die vielfältigen Träume, die von einem Unheil künden, um so die tatsächlichen Gefahren ganzheitlicher einschätzen zu können.

Das vorliegende Märchen zeigt diese notwendige und heilende Beziehung zwischen dem Ich und dem Unbewußten. Joringel sucht sofort, als er des Morgens aufwacht, sein Traumerlebnis in die Realität umzusetzen. Allerdings bedarf es noch einiger Zeit und Mühe. Erst am neunten Tag, nach intensiver Suche durch Berg und Tal, durch Tiefen und Höhen, findet er die blutrote Blume früh am Morgen. Mit dem Erwachen, wenn die Nacht vorbei ist und sich der Morgen zeigt, ist der richtige Zeitpunkt gekommen. Geschah die Verhexung am Abend, so bringt ein neuer Tag eine Lösung mit sich. Hier spielt wieder das richtige »timing« eine entscheidende Rolle. Die Zauberblume muß zu einer bestimmten Zeit gebrochen werden, damit sie ihre Zauberkraft entfalten kann.

Die Zahl Neun gilt, ähnlich wie zu Beginn des Märchens die Drei, als magisch. Wir finden sie in germanischen Sagen und Hexenritualen wieder. Sie besteht aus der dreifachen Drei und holt somit das dreimalige Umfliegen der Nachteule und das dreimalige Schreien »Schu, hu, hu, hu« magisch ein. In einem gewissen Sinn gilt sie sogar als heilige Zahl. Bei verschiedenen schweren Infektionskrankheiten droht die Krisis am neunten Tag und entscheidet über eine Wende. Tritt sie ein, so erfolgt eine Art Neugeburt; eine Geburt analog dem Ende der neunmonatigen Schwangerschaft.

Joringel findet tatsächlich die blutrote Blume, die vom Tautropfen wie mit der schönsten Perle geschmückt ist. Hier stellt sich die direkte Verbindung ein zum zunächst so rätselhaften Zauberspruch der Erzzauberin »Wenns Möndel ins Körbel scheint«, denn der Tau symbolisiert im Aberglauben die Milch des Himmels, und der Tau tritt insbesondere bei zunehmendem Mond oder Vollmond auf. Vom zunehmenden Mond aber verspricht man sich auch Glück für die Ehe, und Tau soll vor Verhexung schützen, bekundet der Volksglaube. Es ist, als ob Göttliches vom Himmel zu Hilfe käme.

Joringel besitzt nun einen wirksamen Schlüssel

zum Zauberschloß, er hat den Zugang zu seinem Gefühlsbereich gefunden: Es ist das Leben *mit* der Natur, nicht gegen sie.

Entzauberung

Lösen und Wiederfinden

Diese Blume trug er Tag und Nacht bis zum Schloß. Wie er auf hundert Schritt nahe bis zum Schloß kam, da ward er nicht fest, sondern ging fort bis ans Tor. Joringel freute sich hoch, berührte die Pforte mit der Blume, und sie sprang auf. Er ging hinein, durch den Hof, horchte, wo er die vielen Vögel vernähme: endlich hörte er's. Er ging und fand den Saal, darauf war die Zauberin und fütterte die Vögel in den siebentausend Körben. Wie sie den Joringel sah, ward sie bös, sehr bös, schalt, spie Gift und Galle gegen ihn aus, aber sie konnte auf zwei Schritte nicht an ihn kommen. Er kehrte sich nicht an sie und ging, besah die Körbe mit den Vögeln; da waren aber viele hundert Nachtigallen, wie sollte er nun seine Jorinde wieder finden? Indem er so zusah, merkte er, daß die Alte heimlich ein Körbchen mit einem Vogel wegnahm und damit nach der Türe ging. Flugs sprang er hinzu, berührte das Körbchen mit der Blume und auch das alte Weib: nun konnte sie nichts mehr zaubern, und Jorinde stand da, hatte ihn um den Hals gefaßt, so schön, wie sie ehemals war. Da machte er auch alle die andern Vögel wieder zu Jungfrauen, und da ging er mit seiner Jorinde nach Hause, und sie lebten lange vergnügt zusammen.

Tag und Nacht ist Joringel unterwegs. Unermüdlich befolgt er die Anweisung des Traumes und trägt die gefundene Blume bis zum Schloß. Er läßt sich nicht beirren, er nimmt die aus seinem Innern erwachsene Lösung ernst. Und richtig, mit Hilfe der Blume, mit Hilfe seiner neugewonnenen Einstellung durchbricht er den um das Schloß gelegten Stehbann, und voller Freude dringt er weiter vor. Wenn ein Schlüssel für ein Problem gefunden ist, öffnen sich die Türen wie von selbst. Was aber erwartet ihn drinnen im Schloß? Wird er bestehen können? Mit wachem Sinn, List, Geschicklichkeit und großer Einfühlsamkeit wagt er sich an die heikle Aufgabe. Da steht er nun vor der Hexe. Und sie war bös, sehr bös sogar, sie schalt, spie Gift und Galle gegen ihn. Noch einen letzten Versuch unternimmt sie, Jorinde zu behalten. Heimlich will sie ein bestimmtes Körbchen wegtragen und selbst entkommen. Joringel muß äußerst auf der Hut sein.

Doch der Bann ist durchbrochen, der Komplex entschärft. Joringel hat seine Handlungsfähigkeit zurückgewonnen oder überhaupt erst erreicht. Er ist jetzt fähig, sich der alten Zauberin zu stellen, ihr zu widerstehen, ihre List zu durchschauen und endlich das zu fordern, was ihm zusteht. Wie wichtig ist es doch, sich mit solch unbewußten Komplexen auseinanderzusetzen, die Anspruch auf wesentliche Lebensinhalte und Energien anmelden! Jorinde wäre für ihn ohne seine Anstrengungen ein für allemal verloren gewesen. Joringel muß allerdings die Hexe genau beobachten, um zu erfahren, welche von den vielen hundert Nachtigallen seine Jorinde ist. Er darf die

Alte dabei nicht einen Moment lang aus den Augen verlieren; denn obwohl er die Hexe mit seiner Zauberblume berührt hatte und sie nicht mehr zaubern konnte, blieb sie doch weiterhin anwesend.

Hier unterscheidet sich das Märchen von vielen anderen, in denen die Hexe zum Beispiel in den Ofen gesteckt und verbrannt wird. Die Darstellung unseres Märchens entspricht der psychologischen Tatsache, daß Komplexe nicht einfach vernichtet werden können. Sie können nur an Wirksamkeit, Kraft und Einfluß verlieren, sobald sie erkannt und integriert sind.

C. G. Jung bezeichnete einmal Komplexe als »Organe der Seele«, und Organe darf man nicht leichtfertig entfernen, denn sie sind lebensnotwendig. Sie sind Träger von psychischer Energie und in diesem Sinne geradezu Brenn- und Knotenpunkte des seelischen Lebens, die man nicht missen möchte, die nicht fehlen dürfen, weil sonst die seelische Aktivität zum Stillstand käme. Komplexe als das Unerledigte im Individuum halten uns in Bewegung.

In einem anderen Zusammenhang sprach Jung davon, daß die einzig dauerhafte elterliche Erziehung darin bestünde, den Kindern wirksame Komplexe beizubringen. Das ist keinesfalls ironisch gemeint. Komplexe stellen psychologisch zunächst wertneutral die Zentren psychischer Energie dar. Sie geben uns die nötige energetische Spannung und Dynamik für unsere Entwicklung und Reifung. Sie sind die Nüsse, die uns zu knacken aufgegeben sind, und die Möglichkeiten, die wir uns damit im Laufe unseres Lebens erschließen sollen. Und wie gerade das zunächst negativ Erscheinende für die Entwicklung hilfreich werden kann, zeigt die Erzzauberin. Es ist grundsätzlich nicht schlimm, Komplexe (auch im negativen Sinne) zu haben. Sie bewahren davor, allzu überheblich oder selbstgefällig zu werden. Entscheidend ist, ob die Komplexe uns haben oder wir die Komplexe. Wichtig ist, daß wir uns ihrer Wirkung bewußt werden, daß wir sie in den Griff bekommen, damit sie uns nicht autonom bestimmen. Eine Distanz von nur zwei Schritten – wie zwischen Joringel und der Hexe – ist einerseits eine greifbare Nähe, aber andererseits genügend Abstand, um das Problem objektiver in Augenschein zu nehmen.

Es ist für Joringel nicht einfach, aus den wohl siebentausend Vögeln seine Jorinde herauszufinden. Er muß die Hexe genau beobachten und sich für seine Jorinde entscheiden. Die Entscheidung gehört somit neben dem Unterscheidungsprozeß notwendig zur Partnerschaft. Ich entscheide mich für diesen Partner und lasse all die anderen »seltenen Vögel«. Die polygame Tendenz ist etwas Normales und gehört zu jedem Menschen, da der Partner nicht alle Facetten und Möglichkeiten der Persönlichkeit beinhalten kann. Dennoch gehört zur Entwicklung und Vertiefung einer Partnerschaft auch die Entscheidung für den einen Partner, und es gibt die Möglichkeit, in einer Ehe viele Ehen zu leben.

Der Glückstaumel bleibt aus, weder Ort noch Zeit erlauben ihn. Vielmehr besinnt sich Joringel all der anderen gefangenen Vögel. Er befreit und entzaubert auch sie. Die Lösung des hauptsächlichen Komplexes kann Breitenwirkung haben; so wie das Lösen eines

Knotens einen ganzen Knäuel zu entwirren vermag. Und hat sich jemand auf den Weg des Reifens gemacht, so gibt es manche Berührungspunkte mit Menschen in der Nähe, die, ob sie wollen oder nicht, von dem Reifeprozeß miterfaßt werden.

Jorinde ist erlöst. Sie steht da und hält Joringel zärtlich um den Hals. Sie geht aus ihrer anfänglichen Passivität heraus, sie geht aktiv auf ihren Partner zu. Es ist keine überschäumende Freude, wie man sie gerne erwartet hätte. Gingen sie anfangs spazieren, nebeneinander, wie Geschwister zusammengehörend, doch weit davon entfernt, »eins zu sein«, so können sie sich nun als Frau und Mann begegnen, sich berühren, sie werden einander greifbar, ja begreifbar.

Es bleibt noch die Frage, ob Jorinde sich selber hätte erlösen können, ohne fremde Hilfe. Dieses Märchen gibt keine Antwort darauf, darum bleibt es der eigenen Phantasie überlassen. Wer selbst schon einmal spontan Kindern ein rasch erfundenes »Märchen« erzählt hat, der weiß, daß sich symbolische Begriffe und Ereignisse »wie von selbst« ergeben und sich Lösungen entwickeln, über deren »Erfindung« man glücklich ist, wenngleich man um die tiefere Bedeutung noch gar nichts weiß. Es wäre durchaus einen Versuch wert, für Jorinde im Vogelkäfig eine märchenhafte Lösung zu finden!

Das Märchen nimmt ein gutes, ein märchenhaftes Ende mit der Feststellung: »... und da ging er mit seiner Jorinde nach Hause, und sie lebten lange vergnügt zusammen.« Sie können jetzt tatsächlich miteinander nach Hause gehen, das heißt zu ihrer Liebe, zu ihrer Partnerschaft stehen, sie müssen nicht mehr, wie zu Beginn des Märchens, um vertraut zusammen reden zu können, den Irrweg in den Wald antreten. Sie kehren »heim«, sie kommen zu sich selber und erreichen eine erwachsene, reife Beziehungsstufe.

Auch vom großen Jubel über die geglückte Heimkehr wird nichts berichtet. Man könnte beinahe etwas enttäuscht sein über diesen verhältnismäßig prosaischen Ausgang der Geschichte. Eine Analysandin äußerte dazu, sie sei während des Lesens an der Stelle, als Jorinde und Joringel durch den Zauber der Hexe getrennt wurden, sehr traurig geworden. Es habe ihr weh getan, daß es so schön nicht bleiben durfte. Über den schließlich glücklichen Ausgang habe sie sich gar nicht richtig freuen können.

Es scheint tatsächlich so – auch von der poetisch ausgeschmückten Liebesszene zu Beginn des Märchens her –, daß bei der Erzählung mehr Gewicht auf die anfängliche Verliebtheit gelegt wurde als auf den eher realistisch anmutenden Aspekt des konkreten Zusammenlebens nach der (Er-)Lösung. Gerade hierin ist das Märchen ganz lebensnah.

Häufig lassen wir uns mehr beeindrucken von unseren neurotischen Verstrickungen und Arrangements, als daß wir die Anstrengung und Mühe der Bewußtwerdung auf uns nehmen. Die Unbewußtheit und die Symbiose haben zweifellos etwas Faszinierendes. C. G. Jung spricht einmal von der »happy neurosis island«, die nur widerstrebend verlassen wird.

Im Märchen »lebten sie lange vergnügt zusammen«. Angesichts der vielen Scheidungen und Trennungen heutzutage klingt das unglaubwürdig. Stellen wir uns aber noch einmal das Bild der an den faulen Stellen ineinander verkeilten Apfelhälften vor. Sie können sich nicht rühren, sie können nicht voneinander loskommen. Jegliche Berührung dagegen bleibt ausgeschlossen, wenn die Distanz zwischen ihnen zu groß geworden ist und einer vom andern den ersten Schritt auf ihn zu erwartet und die eigene Laufrichtung für die einzig richtige hält. Doch andererseits kann Berührung nicht ununterbrochen andauern. Wer hielte das schon aus? Den richtigen Moment suchen, herbeiführen, ertasten; sich loslassen und wieder finden; sich rühren und berühren, in dieser Spannung wird Bereitschaft geboren, sich zu ändern und zu reifen. In dieser Spannung werden durchaus Momente größten Glücks erfahrbar. Lieben und Lachen, Leiden und Trauern liegen sehr eng beisammen.

Vielleicht kann das folgende Zitat von C. G. Jung zu kleinen Entwicklungsschritten in diesem Sinne Mut machen: »Alles, was anfängt, fängt stets im kleinen an. Darum soll es uns nicht verdrießen, zwar mühsame, aber gewissenhafte Arbeit am unscheinbaren einzelnen zu verrichten, auch wenn das Ziel, nach dem wir streben, in unerreichbar weiter Ferne zu liegen scheint. Ein Ziel aber liegt erreichbar vor uns, und das ist die Entwicklung und Reifung der individuellen Persönlichkeit. Und insofern wir überzeugt sind, daß das Individuum der Lebensträger ist, so haben wir dem Sinne des Lebens gedient, wenn es gelingt, daß wenigstens ein Baum Früchte trägt, auch wenn tausend andere unfruchtbar bleiben sollten.«[24]

Auch der Fortgang der Geschichte unseres realen

Paares »Jorinde und Joringel heute« wirkt eher nüchtern: Nachdem sie ein Jahr lang getrennt gelebt hatten, entschied sich die junge Frau für ihren Freund, und sie heirateten. In dem Jahr, als sie getrennt waren, ereignete sich bei ihr der »Tod des Märchenprinzen«, wie sie es nannte. Sie setzte sich nun mit ihren Projektionen und Sehnsüchten auseinander.

Durch Trennung zur Liebe

Ob sich für die Frau und den Mann aus der anfänglichen Verliebtheit ein erfüllendes Leben zu zweit aufbauen läßt, das hängt von vielen verschiedenen Faktoren ab. Die äußere Entwicklung gewinnt alsbald ein Übermaß an Aufmerksamkeit. Die Wohnungsfrage will geklärt sein, der Ablauf des Alltags muß sich einspielen, Beruf und Freizeit fordern ihr Recht, Eltern, Verwandte und Freunde melden ihre Erwartungen an. Da bleibt kaum noch Raum und Zeit für ein Horchen nach innen, das ohnehin als Zeitverschwendung empfunden und nur den sogenannten Weichlingen und Sensiblen zugestanden wird. Aber gerade in dieser ersten Zeit des Übergangs vom Zauber des Verliebtseins in den Sog des Alltäglichen entscheidet es sich, ob beide sich auf das Abenteuer eines Reifeprozesses einlassen oder ob einer nur die Steigbügel hält für die Karriere des anderen oder ob sich alles nur im äußeren Prestigeaufbau erschöpft.

Erinnern wir uns noch einmal: Wir betrachteten unser Märchen »Jorinde und Joringel« sowohl nach der weiblichen als auch nach der männlichen Psychologie. Handelnder und Held in diesem Märchen ist Joringel, der Mann. So bot sich an, das Märchen zunächst von der männlichen Psychologie her zu betrachten. Wir sahen das Problem und den Lösungsweg, wie Joringel seine Anima, sein Gefühl erlöst, das sich bis dahin noch in der Gewalt des Mutterkomplexes befand. Es ist die Geschichte eines Mannes, der sich seelisch noch nicht vom Bereich des Mütterlichen abgelöst hat; solches ist in allen Jahrgängen anzutreffen, es betrifft nicht nur den jungen Mann.

Von der weiblichen Psychologie her betrachtet sahen wir, wie Jorinde, das weibliche Ich, sich noch gänzlich in der Obhut und Gewalt des Mütterlichen befand. Es ist die Geschichte einer Frau, die sich bis dahin nicht mit der Mutter und dem Matriarchat auseinandergesetzt und somit noch nicht zu ihrer eigenen Weiblichkeit gefunden hatte. Ihre männliche Seite, ihr Animus, hilft ihr bei dieser Erlösung.

Eine weitere Betrachtungsweise bot sich in subjektstufiger Sicht: Jorinde und Joringel als Komplexbereiche von Anima und Animus einer einzelnen Person, von Mann oder Frau. Anima und Animus sind Archetypen, daher können sie gleichermaßen bei Mann und Frau vorkommen. Sie erscheinen in der Symbolik des Unbewußten – wie in unserem Märchen – häufig als Paar.[25] Die Erkenntnis, daß der Mensch zweigeschlechtlich angelegt ist, gilt heute als allgemeines Wissensgut und ist bereits in dem Dichterwort Goethes von der geeinten Zwienatur, den zwei Seelen in der Brust, enthalten. Die Psyche ist das Spannungsfeld unzähliger Polaritäten, auch bezüglich der sogenannten männlichen und weiblichen Eigenschaften. In ihr vereinigen sich diese beiden entgegengesetzten Wesenszüge. Sie enthält beide in einem.

Schließlich sahen wir das Märchen auf der partnerlich-objektstufigen Ebene und betrachteten die Aussage für die Beziehungsdynamik. Jorinde und Joringel stehen dann als Frau und Mann, die sich noch mit den ihnen nicht bewußten Komplexen auseinanderzusetzen hatten, bis eine gelingende Partnerschaft möglich wurde. Überschwengliche Liebe und Zuneigung muß nicht im Sande verlaufen. Das Märchen machte deutlich, daß es häufig unsere starken Sehnsüchte und Projektionen sind, die eine geglückte Partnerschaft verhindern, ja unmöglich machen. Dabei ist es doch nur natürlich, daß wir mit all unseren Hoffnungen das Glück in der Zweisamkeit suchen. Wir sehnen uns danach, in der Liebe zu einem Gegenüber die Situation einer früheren, glücklichen Kindheit wiederherzustellen, oder wenn die Vergangenheit nicht rosig war, so hoffen wir, endlich in einer Beziehung das Paradies zu errichten, um das zu finden, was wir nie hatten. Jedoch, so paradox es sein mag, unsere übergroßen Sehnsüchte und Glückserwartungen verhindern gerade, das Mögliche zu erreichen. Partnerschaft kann auch bedeuten, mit der zweitbesten Möglichkeit leben zu können.

Übersteigerte Erwartungen bedingen Projektionen und machen es unmöglich, das Reale zu sehen und zu genießen. Damit Partnerschaft überhaupt gelingen kann, ist es deshalb notwendig, sich dieser zumeist unbewußten Sehnsüchte und deren Ursachen bewußt zu werden. Oft sind diese Erwartungen gesteuert von Bildern und Prinzipien, die uns unbewußt in unserem Denken und Handeln bestimmen und leiten. C. G. Jung bezeichnete diese Potenzen des

Unbewußten zuerst als Urbilder und später als Dominanten des kollektiven Unbewußten; seit 1919 nannte er sie Archetypen.[26]

Die notwendigen Auseinandersetzungen mit diesen unbewußten Motivatoren bringen permanente Enttäuschungen und Desillusionierungen mit sich. Sie fordern ständig neu die Rücknahme von Projektionen im Verlaufe der verschiedenen Stufen einer Partnerschaft. Wenngleich damit auch Streit und Aus-einander-setzung verbunden sind, so gehört dies doch zum Natürlichsten einer Beziehung. Streit wird in Partnerschaften immer noch tabuisiert, nach innen wie nach außen. Wer gibt schon seinen Freunden oder Nachbarn ohne Not zu erkennen, daß momentan in der Partnerschaft Streit herrscht? Streit wird möglichst nach außen verborgen. Offenbar verträgt es unsere narzißtische Glückssehnsucht nicht, die Kränkung hinzunehmen, daß die Realität einer Beziehung so anders ist als unsere Illusion. Durch Streit können wir in unserer Partnerschaft aber auch gewinnen, wir erfahren eine andere Dimension voneinander. Das Bild von einer »idealen Beziehung« ist vielleicht eine der Klischeevorstellungen, die der Beziehung am allermeisten schadet. In schillernden Farben wird die Zeit des Verliebtseins geschildert, die zu erhalten jeder bemüht ist, und um so enttäuschter sind wir, wenn sich die Realität einstellt. Das Verliebtsein mit seinem faszinierenden Zauber und dem Hochgefühl von Lust und Energie soll hier keineswegs geschmälert werden. Niemand sollte diese Zeit missen. Doch die Zeit danach ist nicht ein lebenslanger Strafakt für einen in blindem Liebeseifer gefaßten Entschluß zur

Ehe, sondern der lange Weg des Reifens durch alle Entwicklungsstufen des Lebens hindurch bis hin zu den Werten des Alters. Die »ideale« Beziehung oder Ehe ist wie eine Schlinge, eine Falle, ein Bild, dessen Verherrlichung geradezu lebenzerstörend wirkt mit seinen Illusionen. Das Sprichwort von der Ehe, die zwar im Himmel geschlossen, dennoch auf Erden geführt wird, trifft genau ins Schwarze. Es liegt in der Natur einer Beziehung zwischen zwei Menschen, die nach Herkunft, Veranlagung, Erziehung, Stand und Neigung verschieden sind, daß sie selbst im günstigsten Fall nicht immer und überall harmonisch sein kann.

»Das Problem der Liebe gehört zu den großen Leiden der Menschheit, und niemand sollte sich der Tatsache schämen, daß er seinen Tribut daran zu zahlen hat«, und: »Das Problem der Liebe ist so schwierig, daß man froh sein muß, wenn man am Ende seines Lebens sagen kann, daß niemand an einem zugrunde gegangen ist«, sagt C. G. Jung.[27] Es gibt keinen Weg durchs Leben, der gänzlich frei ist von Schmerz und Leiden, von Einsamkeit und Furcht. Wir müssen die Illusion aufgeben, daß eine Beziehung *der* Weg zum Glück sei und daß Partnerschaft eine der maßgeblichen Einrichtungen sei, um glücklich zu werden.

Die Beziehung oder Ehe kann keine Einrichtung sein, die einem schon das Paradies auf Erden verschafft, sondern sie ist ein Heilsweg, ein Weg, bei dem es um die Ganzwerdung, um die Individuation des einzelnen und des Paares geht.[28] Wird dieser Weg beschritten, so eröffnen sich existentielle Glücks- und

Sinnerfahrungen. Beziehung lebt wesentlich in einer permanenten dialogischen Veränderung und bewirkt auf diese Weise sowohl Wachstum wie Identität. Sie ist der Ort, an dem man das Zusammenleben, den Dialog erlernen kann. Sie ist ein Ort, wo man hassen wie den Haß meistern lernen, ein Ort, wo man das Lachen und die Liebe und das Gespräch erlernen kann.[29] Wir müssen fähig werden, mit der inneren Trennung zu leben; vielleicht verhindern wir dadurch eine äußere Trennung. In der Spannung zwischen Ich und Du, nämlich im Zwischen, wie Martin Buber es beschrieb, lebt die Beziehung.[30] Psychologisch sprechen wir hier vom Beziehungsselbst.

Die Epoche der Romantik, in der »Jorinde und Joringel« entstand, war eine Zeit überaus starker Sehnsüchte nach Sinn, Glück und Liebe, allerdings mit der Gefahr der Verschmelzung oder Symbiose. Heute befinden wir uns in einer ähnlichen Zeit. Durch die raschen gesellschaftlichen und technischen Umbrüche ziehen sich die Menschen immer mehr ins Private zurück, wo sie die Erfüllung ihrer Sehnsüchte erhoffen. Wir müssen uns deshalb die unbewußten Motivatoren, die uns beeinflussen, bewußtmachen. Wie wir an Jorinde und Joringel gesehen haben, sind dies zunächst die unbewußten Elternbilder, die uns leiten und die wir auf den Partner übertragen. Es sind die nicht eingestandenen Hoffnungen oder Befürchtungen, daß der Partner uns Mutter oder Vater sei, ähnlich so, wie wir unsere Mutter oder unseren Vater erlebten. Diese Elternimagines geraten dann häufig miteinander in Konflikt. Bisweilen streitet sich der Vater im einen Partner mit der Mutter im anderen, oder umgekehrt. Wie oft sagen wir – was meist als stärkster Vorwurf empfunden wird: »Du bist ja wie dein Vater; du bist wie deine Mutter.«

Zur Überwindung der Elternimagines ist es unabdingbar, sich des jeweiligen Gegenaspektes bewußt zu werden. Manches Mal bauen wir Elternpopanze auf, Schreckgestalten eigener Phantasien; die Elternimagines werden im eigenen Innern zu Göttern, mit denen eine Auseinandersetzung kaum mehr gewagt werden kann. Selten haben wir einen nur guten oder nur schlechten Vater, eine nur gute oder nur schlechte Mutter, auch wenn wir später nur die eine Seite sehen können. Es ist im Gegenteil sogar notwendig, daß schon während der Entwicklung des Ich beim Kinde sich die Eltern in ihren negativen, »bösen« Aspekten zeigen, um den Übergang des Kindes in eine neue Entwicklungsphase, um die Ablösung von den Eltern zu ermöglichen. Auch wenn die realen Eltern sich dem Kinde gegenüber nicht »böse« verhalten, können sie trotzdem vom Kinde so erlebt werden. Sehen wir später nur den einen Aspekt, bleiben wir positiv oder negativ elterngebunden. Nur durch Integration der jeweils anderen Seite kann eine unbewußte Fixierung überwunden werden. Im Sinne einer Überwindung dieser Gegenpole und einer Integration der Elternimagines ist wohl das Goethe-Wort zu verstehen: »Was du ererbt von deinen Vätern hast, erwirb es, um es zu besitzen.« Wie viele wollen keinesfalls so sein, wie ihre Eltern waren, und sind doch auf dem besten Weg dazu, dieselben Rollen weiterzuspielen. Wenn wir uns nicht mit den unbewußten Elternimagines, den Prägungen von Vater und Mutter auseinandersetzen, sind wir lediglich eine unbewußte Neuauflage des schon Dagewesenen, auch wenn ständig das Gegenteil behauptet wird.

Ein weiterer Konflikt, der eine Partnerschaft oft so schwierig macht, ist derjenige zwischen Animus und Anima. Wer von uns kennt nicht die zwischen Frau und Mann sehr typischen Auseinandersetzungen, bei denen er immer ruhiger und gekränkter wird, immer weniger sagt und sich zurückzieht, währenddessen sie häufig immer gereizter, lauter und argumentativer wird. Nach einer solchen Reiberei ist beiden zumeist der ursprüngliche Anlaß des Streitens völlig entschwunden. Lediglich eine Kleinigkeit war auslösende Ursache für den fast autonom ablaufenden Prozeß. In einem Bild ausgedrückt könnte man sagen: Animus und Anima streiten sich über die Köpfe der beiden hinweg. Beide wollten Nähe und Zärtlichkeit, und plötzlich scheinen eine unüberbrückbare Distanz und unüberwindbare Mißverständnisse dazwischen zu liegen. Auch bei dieser Kollision ist eine Bewußtwerdung jedes Partners bezüglich seiner eigenen unbewußten gegengeschlechtlichen Seite notwendig. Jeder Mann trägt seine Eva in sich, und jede Eva ihren Adam, sagt der Volksmund und bringt damit diese Erfahrung treffend zum Ausdruck.

Wie sehr wir alle Analphabeten unserer Seele sind, wird im folgenden Textausschnitt aus »Szenen einer Ehe«, einem Film von Ingmar Bergman, deutlich: »Ich möchte dir mal etwas Banales sagen. Wir sind Analphabeten, wenn es um Gefühle geht. Und das ist eine traurige Tatsache, nicht nur, was dich und mich betrifft, sondern praktisch alle Menschen sind es. Wir lernen alles über die Wurzel aus Pi oder wie das heißt, aber kein Wort über die Seele. Wir sind bodenlos und ungeheuer unwissend, wenn es um uns selbst und andere geht. Heutzutage sagt man so leichthin, man soll die Kinder zu Menschlichkeit, Verständnis, Toleranz und Gleichheit oder wie die Modewörter sonst noch lauten mögen, erziehen. Aber niemand kommt auf die Idee, daß wir zuerst etwas über uns selbst und unsere eigenen Gefühle lernen müssen. Über unsere eigene Furcht und Einsamkeit und unseren Zorn. Da stehen wir nun, ausgeliefert und unwissend und mit schlechtem Gewissen und zusammengekrachten Ambitionen. Ein Kind seiner Seele bewußtzumachen ist beinahe etwas Unanständiges. Wenn man das tut, halten einen die Leute fast für einen Kinderverderber. Wie soll man jemals andere verstehen, wenn man nichts über sich selbst weiß?«

Die innersten unbewußten Motivatoren, die uns leiten, sind das Weibliche und das Männliche als Gegensatzpaar in jedem einzelnen. Doch wir alle, Männer und Frauen, sind tief geprägt vom Patriarchat und Matriarchat. Die jahrhundertelange Sozialisation des Patriarchats ist tief verwurzelt in unserer bewußten und unbewußten Struktur. Viele versuchen heute aus dieser bisherigen Sozialisation und Festlegung ihrer Rollen auszubrechen. Weder Patriarchat noch Matriarchat, weder Männliches noch Weibliches sind nur gut oder nur böse (hier sind »gut und böse« nicht als moralische Kategorie verstanden). Beide bedingen sich und sind Pole einer Ganzheit und müssen in der Dialektik der Polarität und Komplementarität ausgehalten werden. Die Überbewertung eines Aspektes oder die Spaltung der spannungsreichen Einheit bringt eine Vereinseitigung mit sich. Eine Relativierung der unbewußten Leitbilder tut not.

Alle bisher festgelegten Vorstellungen von typisch Männlichem und typisch Weiblichem, die vorwiegend von Gesellschaft und Religion festgeschrieben und gestützt waren, lösen sich heute zunehmend auf. Von daher schwinden auch mehr und mehr kollektive Orientierungsmöglichkeiten. Die Suche nach einem neuen Verständnis von Beziehungen und Geschlechterrollen stellt sich in unserer Zeit sowohl als Aufgabe für jeden einzelnen als auch für die Individuation des Paares. Dazu gibt es zwar bereits vielfältige Versuche und alternative Modelle, angefangen bei neuen Formen des Zusammenlebens über Job-Sharing und vieles mehr; doch denke ich, daß wir in Wirklichkeit noch keine alternative Vorstellung hinsichtlich der Partnerschaft in uns tragen. Was jahrhundertelang geprägt wurde, kann wohl kaum in einer Generation verändert werden. Streit auslösend ist daher oft nicht der böse Wille eines Partners, sondern die tief in der seelischen Struktur geprägten Verhaltensweisen.

Ich habe während der Therapie von Paaren miterlebt, wie diese Sichtweise, die den einzelnen auch in seinen kollektiven Bedingtheiten wahrnimmt, entlastend wirken kann, wie sie oft die verstehbar drängende Ungeduld eines Partners in eine gelassene Engagiertheit zu verwandeln vermag.

Nur ein neues Verstehensmuster, ein neues Paradigma, das im Symbol der Partnerschaft, der gegenseitigen Befruchtung des weiblichen und männlichen Prinzips, aufsteigt, kann uns aus der Sackgasse der Polaritäten führen. Und jeder, der versucht, sich ein Stück dieser Problematik bewußt zu werden, sich bemüht, männliche und weibliche Anteile in sich zu integrieren und in eine fruchtbare Spannung zu bringen, kommt damit in seiner Partnerschaft, im Selbst, im Zwischen des Ich und des Du, weiter voran. Und häufig erkennt man erst später, daß man unbewußt den Partner wählte, der die eigene Problematik anspricht. Diese Einsicht kann einen mit sich und dem Partner versöhnen und zugleich motivieren, gemeinsam an der Bewältigung des Problems zu arbeiten.

Das Märchen »Jorinde und Joringel« könnte uns als Modell von Partnerschaft und Beziehung zwischen Mann und Frau dienen. Verliebtsein und Faszination stehen am Anfang jeder Beziehung, doch zu einer individuierten Partnerschaft finden zwei Menschen oft erst durch verschiedene Krisen und Resignationen, durch Suchen und Hinterfragen. Ich möchte dabei nochmals an eine maßgebliche Aussage des Märchens erinnern: Probleme bleiben, Komplexe bleiben, sie gehören zum Leben, und das Leben gleicht einem Weg, es ist ein stetiges Unterwegssein, ein fortdauernder Prozeß. Dennoch ist die Hoffnung auf ein neues Paradigma, auf ein neues Verständnis zwischen Mann und Frau etwas, das uns weiterführt, das uns »nach vorn wirft«. Das Wort »Projektion« meint in der ursprünglichen Bedeutung Entwurf oder Plan. Durch Projektion umreißen wir einen Vor-Entwurf der Wirklichkeit in die Zukunft. Die Projektionen fordern heraus, sie motivieren uns, sie bringen

Energie, eine Veränderung. Dies ist der positive Aspekt der Projektion. Wenn ich einen Menschen liebe, entwerfe ich ein Bild von ihm, das nicht fertig ist, das nicht einengt, an dem ich ein Leben lang weitermale, und ich helfe so meinem Partner, sich zu entwickeln. Ich sehe Seiten an ihm, die er noch nicht sieht, aber noch entfalten kann.

Wenn wir daher alle an einem Bild malen, das eine veränderte Beziehung zwischen Frau und Mann intendiert, eben auf Partnerschaft angelegt ist, kann sich mit der Zeit etwas Neues ereignen. In diesem Sinne möchte ich mit einem Zitat von Dom Helder Camara schließen: »Wenn einer allein träumt, ist es nur ein Traum. Wenn viele gemeinsam träumen, ist das der Beginn einer neuen Wirklichkeit.«

Nachwort

Beim Gang durch das Märchen ist verschiedentlich deutlich geworden, daß es sich in der Dramatik und in der Aussage von vielen anderen Märchen unterscheidet. Unser Märchen enthält relativ wenig Handlung und Aktion, ist aber sprachlich äußerst kunstvoll, ja poetisch ausgestattet. Differenziert und einfühlend werden die Hauptakteure, Jorinde und Joringel, beschrieben. Die Lösung des Märchens wirkt im Vergleich mit anderen, zum Beispiel dem »Froschkönig«, wenig dramatisch und befreiend. Hierin mag vielleicht ein Grund dafür liegen, daß dieses Märchen noch vor einiger Zeit relativ wenig bekannt und beliebt war. Trotz der märchenhaften, poetischen Sprache scheint es der Realität näher zu stehen als dem Märchenland. Zur Klärung dieser Fragen möchte ich daher zum Abschluß für den an der kritischen Märcheninterpretation interessierten Leser noch einige literarwissenschaftliche und psychologische Gedanken anfügen.

Die Ähnlichkeit vieler Märchen auf der ganzen Welt veranlaßte die Forscher, zuerst einen gemeinsamen Ursprung, ein Märchenland, zu vermuten. Sie suchten diese ursprüngliche Heimat bald in Indien, bald in Ägypten. Da sich immer wiederkehrende

Motive in Märchen der unterschiedlichsten Kulturkreise finden lassen, zog man bald den Schluß, daß diese Erzählungen allerorts gleichmäßig aus der gleichen Seelenstruktur des Menschen hervorgegangen seien. Im Laufe der Zeit wurden den Märchen die verschiedensten Bedeutungen beigemessen: Der Forscher Bastian sprach von Elementargedanken, und Friedrich Nietzsche sah die Märchen als frühe Träume und verdrängte Wünsche der Menschheit an. Sigmund Freud bezeichnete Märchen und Mythen als die entstellten Überreste von Wunschphantasien ganzer Nationen, als die Säkularträume der ganzen Menschheit.

Nach der analytischen Psychologie C. G. Jungs sind Märchen Ausdruck des kollektiven Unbewußten und – wie der Traum – »ein spontanes, naives und unreflektiertes Produkt der Seele«. In den Märchen spricht sich »die Seele über sich selber aus, und die Archetypen offenbaren sich in ihrem natürlichen Zusammenspiel als Gestaltung, Umgestaltung, als des ewigen Sinnes ewige Unterhaltung«.[31]

Märchen beinhalten daher nicht nur Verdrängtes und stellen nicht nur Ersatzbefriedigungen dar, sondern in ihnen schafft sich die schöpferische Phantasietätigkeit des Unbewußten ihre Bereiche, in denen die triebeinengende Realität aufgehoben wird. So beginnen mitunter Märchen mit den vielversprechenden Worten: »In einer Zeit, in der das Wünschen noch geholfen hat.« Das Schöpferische der Phantasie erweist sich als Veränderungswunsch gegenüber der Realität: Wer keine Zeit hat zum Träumen, der hat keine Kraft zum Kämpfen. Märchen, als Gebilde schöpferischer Phantasie eines Volkes, sind somit nicht Refugium einer realitätsfernen Scheinwelt, sondern Vorentwurf einer zukünftigen Wirklichkeit, in dem sich die Erfahrung eines Volkes kundig niederschlägt. Sie sagen etwas aus über allgemein-menschliche Konflikte und deren Lösungen; sie stellen bildhafte Konfliktmodelle allgemein-menschlicher Schwierigkeiten dar. Diese kollektiven Bilder sagen uns symbolisch, wie der Mensch es schon immer gemacht hat oder hat machen können. Hier liegt der Ansatz, weshalb Märchen in der Psychotherapie hilfreich zu Rate gezogen werden können. Denn Bilder sagen mehr als tausend Worte. Die richtige Geschichte – am richtigen Ort, zur rechten Zeit, mit genau dem anstehenden Problem des Ratsuchenden – kann von Mensch zu Mensch eine Brücke schlagen und den Bann einer Schwierigkeit, eines Komplexes, sprengen.

Das Märchen »Jorinde und Joringel« erscheint zum erstenmal in schriftlicher Form vor rund zweihundert Jahren. Der aus dem Siegerland stammende Arzt und Dichter Johann Heinrich Jung-Stilling (1740–1817) schrieb es nieder in seiner »Lebensgeschichte«. Während seines Medizinstudiums in Straßburg lernte er im Jahre 1771 Goethe kennen, der ihn zur Niederschrift seiner außergewöhnlichen Jugenderlebnisse anregte und diese Aufzeichnungen schließlich – ohne Jung-Stillings Wissen – im Jahre 1777 drucken ließ.

Drei Märchen hatte Jung-Stilling in seine Lebensgeschichte eingeflochten: »Jorinde und Joringel«, »Der Großvater und der Enkel« und »Die alte Bettelfrau«. Ihm war wohl eine Version des Märchens von Jorinde und Joringel bereits aus der Kindheit vertraut, wie der »Lebensgeschichte« zu entnehmen ist: Der elfjährige Henrich und Mariechen, seine wenige Jahre ältere Base, durften den Großvater in den Wald begleiten. Während dieser Holz sammelt, sitzen die Kinder vertraulich beisammen. »Erzähl mir doch, Base!« sagte Henrich, »die Historie von Joringel und Jorinde noch einmal.« Und Mariechen erzählte: »Es war einmal ein altes Schloß mitten in einem großen dicken Wald . . .« Nachdem das Märchen beendet war, saß Henrich »wie versteinert, seine Augen starrten gradaus, und der Mund war halb offen«. »Base!« sagte er endlich, »das könnt' einem des Nachts bange machen . . .«[32]

Handelt es sich bei diesem Märchen um ein Volks- oder ein Kunstmärchen? Über ein Vorleben dieses Märchens ist nichts bekannt. Neben dem schlichten Aufbau der Erzählung sind es insbesondere die Motive, die auf eine volkstümliche Herkunft schließen lassen: etwa das in zahllosen Märchen immer wiederkehrende Festbannen oder auch die Verwandlungs- und Erlösungsgeschehnisse. Eine typische Märchenfigur ist die Hexe im Wald, ebenso der Knabe und das Mädchen; manches Mal sind es Geschwister, die sich verirrt haben und in den Bannkreis einer Zauberin geraten. Sehr alt und volksnah mutet der im vorhinein unverständliche, geheimnisvolle Spruch an:

«Grüß dich, Zachiel,
wenns Möndel ins Körbel scheint,
bind los, Zachiel, zu guter Stund.«

Mit magischen Bedeutungen behaftet sind die im Märchen genannten Zahlen:

Die Nachteule mit glühenden Augen flog dreimal um sie herum und schrie dreimal »Schu, hu, hu, hu«.

Joringel sucht die Zauberblume »bis an den neunten Tag«.

Die verwunschenen Jungfrauen sind in siebentausend Körben eingesperrt.

Neben diesen volkstümlichen Motiven weist Stillings Märchen auch Einflüsse auf, die für die Zeit der Romantik typisch sind. So kennt das Volksmärchen an sich keine ausführlichen Landschaftsbeschreibungen. In »Jorinde und Joringel« heißt es jedoch: »Es war ein schöner Abend, die Sonne schien zwischen den Stämmen der Bäume hell ins dunkle Grün des Waldes, und die Turteltaube sang kläglich auf den alten Maibuchen.« Beseelte Landschaft wird zum stillen stimmungsvollen Hintergrund für Personen, die – wie sonst in Volksmärchen – nicht bloße Handlungsträger sind, sondern beseelte Menschen, die sich fürchten und freuen können. Auch die Hexe ist nicht nur »alt« oder »bös«, wie man sie vom Volksmärchen her kennt, sondern Stilling schildert sie ausführlich als »alte, krumme Frau . . . gelb und mager: große rote Augen, krumme Nase, die mit der Spitze ans Kinn reichte«. In solchen Beschreibungen liegt wohl begründet, daß dieses Märchen von Kindern nicht gern gehört wird. Die kindliche Phantasie kann sich hierbei weniger entfalten, da die Gefühle relativ genau vorgezeichnet sind. Die kindliche Seele wird überfordert. »Jorinde und Joringel« ist daher eher ein Märchen für Jugendliche und Erwachsene.

Romantisch mutet die starke Betonung des Liebesmotivs an: »Sie waren in den Brauttagen, und sie hatten ihr größtes Vergnügen eins am andern. Damit sie nun einsmalen vertraut zusammen reden könnten, gingen sie in den Wald spazieren.« Und geradezu individualisierend ist die Namensgebung der beiden. Obwohl die Namen im Stabreim aufeinander abgestimmt sind, mögen sie doch wohl nicht alt, sondern von Stilling erfunden oder umgebildet worden sein. Nicht zuletzt ist das Motiv der Zauberblume ein wichtiges Zentralsymbol der Romantik.

Auffallende Ähnlichkeit zeigt dieses Märchen in einzelnen Zeilen mit dem seit 1815 belegten Volksmärchen »Die Alte im Walde«. Das Täubchen des Volksmärchens erscheint im Lied der Jorinde; und der Vogelkäfig, mit dem sich die Alte im Walde davonschleichen will, kommt in beiden vor. Im Volksmärchen trägt der Vogel im Käfig den gesuchten Ring im Schnabel; bei Stilling singt Jorinde anscheinend völlig unmotiviert von einem »Vöglein mit dem Ringlein rot«. Jorindes Lied scheint dem Lied Ophelias und Desdemonas in Shakespeares Othello nachgebildet zu sein. So lautet Ophelias Lied:

»Sie tragen ihn auf einer Bahre bloß
Leider, ach leider,
Und manche Träne fiel in Grabes Schoß
Fahr wohl, meine Taube . . .«

Und Desdemonas Lied heißt:

»Das Mägdlein saß seufzend am Feigenbaum früh
Singt Weide, grüne Weide,

Die Hand auf dem Busen,
Das Haupt auf dem Knie
Singt Weide, Weide, Weide ...«[33]

Weiter finden sich im literarischen Stoff der romantischen Oper »Der Freischütz« von Carl Maria von Weber viele Motive und Symbole wieder, die uns auch im Märchen »Jorinde und Joringel« begegnet sind: Agathe träumt, sie sei eine Taube, die Glocke schlägt neun, als der Bräutigam die Braut am Hochzeitsvorabend verläßt, die Kugeln werden in der Wolfsschlucht bei Vollmond gegossen, dabei kommen Eulen, ein gebücktes Mütterchen und ein Bannkreis vor. Schließlich ist Agathe durch die Blume des Brautkranzes geschützt, und nach einem Jahr Probezeit endlich finden sich die Liebenden.

Andere Elemente aus »Jorinde und Joringel« gehören in den Märchenkreis »Bruder und Schwester« oder »Vom verfolgten Geschwisterpaar«. Man wird erinnert an »Das Lämmchen und das Fischchen«, an »Brüderchen und Schwesterchen« und vor allem an »Hänsel und Gretel«. In diesen Motivkreis gehört auch das Verirren im Wald, die Begegnung mit der Hexe, das Festbannen, die Verzauberung und schließlich die Erlösung des einen durch die besondere Tat des anderen. Die Ähnlichkeit mit »Hänsel und Gretel« geht sogar bis zur wörtlichen Übereinstimmung:

»Sie machte es tot, kochte und aß es ...«
(Hänsel und Gretel)

»dann schlachtete sie, kochte und briet es«
(Jorinde und Joringel)

Weitere Märchenmotive sind uns aus anderen Märchen bekannt. So finden wir das Symbol der Trennung in »Rapunzel« und das der Verwandlung in der alten Kirke-Sage. Kirke galt bekanntlich als große Zauberin der antiken Mythologie, die vor allem jegliche Fremden, die sich ihr näherten, in Tiere verwandelte. Weiter finden sich Anklänge an die aus dem Französischen stammenden Feenmärchen sowie an das Märchen »Das singende springende Löweneckerchen«.

Folgen wir einer Untersuchung von Ingeborg Stützel, so können wir festhalten, daß Stilling sein Märchen aus verschiedenen ihm bekannten Märchen neu konstruiert hat. Vorhandene Märchenelemente wurden zu einem volksnahen Kunstmärchen zusammengefügt. Gerade die Herkunft aus dem bäuerlichen Lebensbereich ließ das Märchen so volksecht werden, daß es nicht nur literarisch blieb, sondern sich, auch durch die Übernahme in die Grimmsche Sammlung, vom Namen seines Verfassers löste und sein Eigenleben zu führen begann.[34] Das konnte allerdings nur geschehen, weil dieses Märchen von kollektiver Aktualität ist. Im Volksmärchen wie im Kunstmärchen bedient man sich der gleichen mythischen und geistigen Bilder und Symbole. Der Märcheneditor Friedrich Panzer nannte »Jorinde und Joringel« eine »Liebesgeschichte mit Hindernissen«. Diese Aussage ist nicht nur inhaltlich interessant, sondern gibt auch einen möglichen Hinweis zur Entstehung dieses Märchens.

Märchen können aus der dichterischen Phantasie eines einzelnen entstehen, die dann im Laufe der

Zeit vom Kollektiv übernommen wird. Gleichzeitig kann auch ein besonderes Ereignis numinoser Art Pate gestanden haben, um das sich anschließend die nach Erklärung suchende Phantasie rankt. Der Mythenforscher Mircea Eliade erzählt beispielsweise von einem Mann, der am Abend vor seiner Hochzeit unauffindbar verschwindet. Eine solche Begebenheit regt gewiß auf und die Phantasie an; die Menschen versuchen, durch Geschichten das Unerklärliche zu erklären. Mitunter entsteht aus solchem Anlaß mit der Zeit eine Lokalsage. Verliert diese ihr Lokalkolorit und wird sie international, allgemein und typisch, das heißt archetypisch, kann daraus ein Märchen entstehen. Es ist denkbar, daß sich im Märchen von Jorinde und Joringel der sich damals anbahnende Reifeprozeß und eigene schmerzvolle Trennungserfahrungen des Jung-Stilling unbewußt ausdrücken. Das Erzählen lag ihm von früh auf. Als äußerst empfindsamer und phantasiebegabter Mensch fand er darin den notwendigen Ausgleich zur überstrengen pietistischen Erziehung seines Vaters nach dem frühen Verlust der Mutter. Die Verlobung mit seiner ersten Frau, Christine, mußte wegen einer vorübergehenden ernsthaften Erkrankung verschoben werden. Bei der Hochzeit mit seiner zweiten Frau, Selma, ereignete sich nach der Trauung beinahe ein tragischer Unfall, der die beiden fast für immer getrennt hätte: Beim Übersetzen über den Rhein am Binger Loch wurde das Schiff, auf dem sich die Braut befand, von schwerem Sturm abgetrieben.

Die immer aktuelle Frage der Beziehung von Mann und Frau ist Thema dieses Märchens. In unserer Zeit, in der laut C. G. Jung »das Numen in das Gebiet der menschlichen Beziehung eingewandert«[35] ist und alte Formen der Partnerschaft und herkömmliche Rollenverständnisse nicht mehr tragen, gewinnt meines Erachtens die Aussage dieses Märchens neue Bedeutung: Was es uns heute sagen kann zur Entwicklung des einzelnen, zur Ganzwerdung von Mann und Frau, ist eine Botschaft, die wir hören sollten.

Anmerkungen

1 Handwörterbuch des deutschen Aberglaubens. Hrsg. Bächtold-Stäubli, H., Stichwort Hexe, Katze, Eule, Berlin 1927–1942
2 Kerényi, K., Das Ägäische Fest, Wiesbaden 1950[3]
3 Siehe dazu: Berne, E., Spiele der Erwachsenen, Psychologie der menschlichen Beziehungen, Hamburg 1970. Berne versteht unter »Spiele« eine Folge von eingefahrenen Verhaltensweisen und Ritualen, unter anderem auch in der Partnerschaft.
4 Jacobi, J., Frauenprobleme, Eheprobleme, Zürich 1968
5 Platon, Das Gastmahl, Stuttgart 1967
6 Mörike, E., Gedichte, Stuttgart 1838
7 Zit. nach Jaffé, A., Bilder und Symbole aus E. T. A. Hoffmanns Märchen »Der goldene Topf«, in: Jung, C. G., Gestaltungen des Unbewußten, Zürich 1950
8 Remmler, H., Die Liebe ist ein seltsames Spiel, in: Pflüger, P.-M. (Hrsg.), Trennung und Abschied – Chance zu neuem Leben, Fellbach-Oeffingen 1984
9 Handwörterbuch des deutschen Aberglaubens, Stichwort Nachtigall
10 Müller, R., Trennung und Individuation, in: Pflüger, P.-M. (Hrsg.), Trennung und Abschied – Chance zu neuem Leben
11 Jung, C. G., Gesammelte Werke Bd. 7, Olten 1974[2]
12 Jung, C. G., Gesammelte Werke Bd. 16, Olten 1971
13 Fromm, E., Ihr werdet sein wie Gott, Hamburg 1983
14 Handwörterbuch des deutschen Aberglaubens, Stichwort Korb
15 Handwörterbuch des deutschen Aberglaubens Bd. 6
16 Müller, R., Polarität und Dynamik des Selbst oder: Von der Erlösung des Teufels, in: Pflüger, P.-M. (Hrsg.), Unterwegs zu neuen Werten, Fellbach-Oeffingen 1983
17 Goethe, J. W. v., Faust, Nördlingen 1964

18 Jaffé, A., Der Mythos vom Sinn im Werk von C. G. Jung, Zürich 1967
19 Buber, M., Schriften zur Philosophie, I, München 1962
20 Jung, C. G., Gesammelte Werke Bd. 12, Olten 1972
21 Novalis, Werke Bd. 2, Botsche, W. v. (Hrsg.), ohne Jahreszahl
22 Handwörterbuch des deutschen Aberglaubens, Stichwort Blume
23 Ammann, A. N., Thannhäuser im Venusberg, Zürich 1964
24 Jung, C. G., Gesammelte Werke Bd. 16
25 Siehe dazu: Kast, V., Paare: Beziehungsphantasien oder Wie Götter sich in Menschen spiegeln, Stuttgart 1984
26 Jacobi, J., Die Psychologie von C. G. Jung, Olten 1971[6]
27 Zit. nach Remmler, H., Die Liebe ist ein seltsames Spiel
28 Guggenbühl-Craig, A., Die Ehe ist tot – lang lebe die Ehe, Zürich 1979
29 Jourard, S. M., Marriage is for life, in: Journal of Marriage and Family Counseling, Missouri 1975
30 Buber, M., Ich und Du, Heidelberg 1954
31 Jung, C. G., Gesammelte Werke Bd. 6, Olten 1971
32 Jung-Stilling, J. H., Lebensgeschichte, Darmstadt 1976
33 Stützel, I., Jung-Stilling und die Volkskunde, Dissertation, Tübingen 1954
34 Stützel, I., Jung-Stilling und die Volkskunde
35 Jung, C. G., Gesammelte Werke Bd. 16

Weisheit im Märchen
Herausgegeben von Theodor Seifert

Neben dem vorliegenden Band sind erschienen:

THEODOR SEIFERT · SCHNEEWITTCHEN

ANGELA WAIBLINGER · RUMPELSTILZCHEN

INGRID RIEDEL · HANS MEIN IGEL

HELMUT REMMLER · DER KÖNIGSSOHN, DER SICH VOR NICHTS FÜRCHTET

VERENA KAST · DER TEUFEL MIT DEN DREI GOLDENEN HAAREN

HILDEGUNDE WÖLLER · ASCHENPUTTEL

HANS JELLOUSCHEK · DER FROSCHKÖNIG

LUTZ MÜLLER · DAS TAPFERE SCHNEIDERLEIN

FRANZ KAUFMANN · DER GESTIEFELTE KATER

ROSMARIE BOG · DAS WASSER DES LEBENS

HANS DIECKMANN · DER BLAUE VOGEL

HELMUT HARK · GEVATTER TOD

URSULA ESCHENBACH · HÄNSEL UND GRETEL

UWE STEFFEN · DIE ZWEI BRÜDER

HELMUT BARZ · BLAUBART

OLGA RINNE · DIE GÄNSEMAGD

VIKTOR ZIELEN · HANS IM GLÜCK

KREUZ VERLAG

„Die Darstellung und Deutung einzelner Mythen durch verschiedene Autoren ermöglicht den Zugang zu einem in jedem Menschen vorhandenen Fundament der Lebenskraft. Mythen sind faszinierend und ergreifend. Ihnen zu begegnen ist dem Erleben vergleichbar, in dem sich die Bedeutung eines großen Traumes zum ersten Mal erschließt. Mythen spiegeln unser Leben und vermitteln die Gewißheit, daß es sinnvoll gelebt werden kann." *Theodor Seifert*

Bisher sind folgende Bände erschienen:

THEODOR SEIFERT · WELTENTSTEHUNG
Die Kraft von tausend Feuern

ANGELA WAIBLINGER
GROSSE MUTTER UND GÖTTLICHES KIND
Das Wunder in Wiege und Seele

VERENA KAST · SISYPHOS
Der alte Stein – der neue Weg

INGRID RIEDEL · DEMETERS SUCHE
Mütter und Töchter

ROSMARIE BOG · DIE HEXE
Schön wie der Mond – häßlich wie die Nacht

LUTZ MÜLLER · DER HELD
Jeder ist dazu geboren

HANS JELLOUSCHEK · SEMELE, ZEUS UND HERA
Die Rolle der Geliebten in der Dreiecksbeziehung

KREUZ VERLAG